FACULTÉ DE DROIT DE NANCY.

DE LA PUISSANCE MARITALE

THÈSE

POUR

LE DOCTORAT

Par Henri LAURAIN, Avocat

Ita natura comparavit, ita voluit Deus ut
mulier tota pendeat a viro.
ERASME, Colloq. 218.

Typographie A. LEPAGE, Grande-Rue, 14.

—

1866

DE LA
PUISSANCE MARITALE

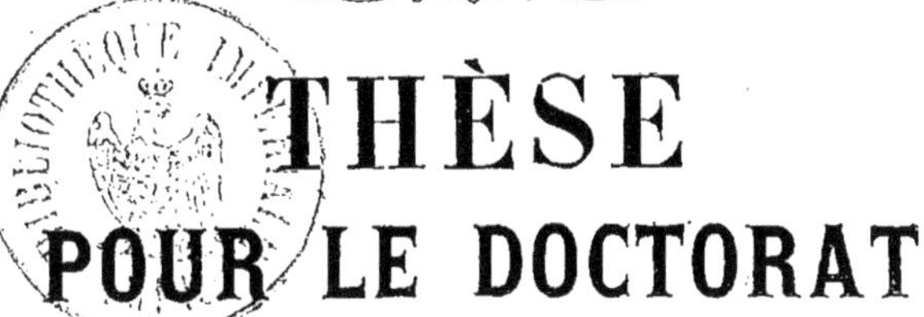

THÈSE
POUR LE DOCTORAT

PRÉSENTÉE

A LA FACULTÉ DE DROIT DE NANCY

Par Henri **LAURAIN**, Avocat

NÉ A NUITS (COTE-D'OR)

Et soutenue publiquement le jeudi 8 février 1866,
à 3 heures de l'après-midi.

Président : M. Jalabert, *Professeur-Doyen.*

Suffragants : MM. de la Ménardière, Vaugeois, } *Professeurs.*
Dubois, Arnault, } *Agrégés.*

Le Candidat répondra en outre aux questions qui lui seront faites sur les autres matières de l'enseignement.

NANCY
TYPOGRAPHIE A. LEPAGE, GRANDE-RUE, 14
1866

FACULTÉ DE DROIT DE NANCY

MM. Jalabert,	Doyen, professeur de Code Napoléon.
Lombard,	Professeur de Droit commercial.
de la Ménardière,	Professeur de Code Napoléon.
Vaugeois,	Professeur de Code Napoléon.
Liégeois,	Professeur de Droit administratif.
Glasson,	Agrégé, chargé d'un cours de Droit romain.
Dubois,	Agrégé, chargé d'un cours de Droit romain.
Arnault,	Agrégé, chargé du cours de Procédure civile et de législation criminelle.
Paringault ✳,	Professeur honoraire.

Lachasse,	Docteur en droit, secrétaire, agent comptable.

La Faculté n'entend ni approuver ni désapprouver les opinions particulières du Candidat. Le visa n'est donné qu'au point de vue de la morale et de l'ordre public (statut du 9 avril 1825, art. 41).

A MON PÈRE

A MA MÈRE

NANCY

Typographie A. LEPAGE, Grande-Rue, 14.

INTRODUCTION

Ita natura comparavit, ita voluit
Deus ut mulier tota pendeat a viro.
Erasme, Colloq. 218.

Avant d'exposer les règles de la puissance maritale, avant
de montrer sous quel empire et dans quelles limites la
volonté de la femme, toute puissante dans l'intérieur de la
maison, peut s'exercer et se répandre au dehors, nous
aurions voulu, dans une esquisse rapide, retracer les diverses phases par lesquelles cette autorité a passé, non pas
depuis l'état sauvage, que nous pourrions encore juger parce
qu'il est dans les profondeurs de l'Amérique ou dans les
mystérieuses et inaccessibles oasis de l'Afrique centrale, où la
civilisation ose à peine jeter un coup d'œil téméraire, mais
depuis cet état de société plus avancée, où les mœurs avaient
déjà été étudiées et réglementées par un législateur. Nous
aurions désiré suivre la puissance maritale au travers des
révolutions que le droit, les usages et la politique ont successivement subies, et examiner s'il n'y a pas une relation, plus ou moins intime, entre la barbarie et le despotisme marital, entre la civilisation et l'affranchissement de

la femme. Une considération cependant nous empêche de nous livrer à cette étude historique, si pleine d'intérêt et si riche en enseignements, c'est qu'il eût été difficile de parler d'une manière succincte des diverses transformations qu'a subies la société primitive.

Autrefois d'ailleurs, l'autorité du mari, dont nous allons nous occuper, n'avait pas, comme aujourd'hui, deux sphères d'actions distinctes. Elle affectait uniquement la personne de la femme, et ce n'est que quand la constitution sociale s'est éloignée de l'état de famille que nous avons vu laisser en son pouvoir l'acte principal de l'administration domestique, c'est-à-dire la disposition de la fortune. Aussi ne devons-nous pas nous étonner que, dans les documents anciens, échappés aux outrages du temps et où nous pourrions faire d'utiles recherches, il ne soit question que de la condition de la femme dans la famille. Pour ne rien omettre et nous rendre un compte exact de la situation de la femme dans la famille au point de vue pécuniaire et contractuel, il aurait fallu examiner séparément, dans chaque nation, l'extension des droits de la femme et faire voir comment la propriété, nulle d'abord pour elle, a commencé par des dons mobiliers, s'est accrue par l'établissement de la dot, et s'est consolidée ensuite par la possession de la terre. Tel est le motif pour lequel nous restreindrons notre étude à la situation de la femme dans la législation romaine.

Placée dans une étroite dépendance et considérée comme un membre non actif de la société, la femme fut, jusqu'à la fin du septième siècle de la république, constamment soumise à la puissance d'autrui, soit qu'elle fût fille de famille, femme mariée ou en tutelle. Etait-elle *in manu mariti*, vis-à-vis de son mari elle était *loco filiæ*, et vis-à-vis de ses enfants, *loco sororis*. Mais, quand le mariage libre prévalut, et lors de la disparition de la tutelle agnatique, la femme, devenue maîtresse de tous ses biens, dut, par sa dot, contribuer aux charges du mariage. Alors, comme en raison de l'attachement que la femme peut avoir pour son mari, ses biens pouvaient se trouver compromis, la législation vint à son secours et lui donna diverses garanties, tout en protégeant aussi les maris trop faibles. Cette tendance de la législation explique les principes du Droit romain sur l'inaliénabilité de la dot, la prohibition des donations entre époux, les donations à cause de noces, les secondes noces et le divorce. Enfin parut un nouveau triomphe des droits de la nature sur l'ancien régime politique. Ce fut la dévolution à la femme de la succession du mari, à défaut de parents par le sang, c'est-à-dire de cognats.

Nous croyons devoir constater ici que, de nos jours encore, chez les peuples relativement peu avancés en civilisation, comme les habitants de l'Asie ou de l'Afrique, le même usage existe qu'à Rome et chez les autres peuples de l'antiquité. Achetée par son mari, celui-ci avait sur elle une autorité despotique et sans frein; aussi ne devons-nous pas nous étonner que la dépendance de la femme n'avait dans l'origine d'autre règle que la volonté de son mari (1). Pour nous convaincre de cette vérité, il nous suffira de jeter un coup d'œil rapide sur la condition de la femme chez quelques-uns de ces peuples. Toutefois, même chez les Hébreux, dont la civilisation est relativement avan-

---

(1) Autrefois, la femme était achetée par son mari chez les Assyriens, les Babyloniens, les Arméniens, les Syriens, les Chaldéens.

Elle l'est encore aujourd'hui en Asie, en Chine, en Amérique et en Afrique.

Dans les législations actuelles des Turcs et des Persans, l'ancienne forme d'achat se retrouve, mais modifiée dans l'existence du don du matin.

Cette institution de l'achat des femmes se retrouve aussi chez les peuples slaves et scandinaves. Kœnigsvarter, *Revue de Législation*, vol. 34, année 1847, page 145.

céc, nous ne trouvons rien d'analogue à ce que nous appelons *l'autorité maritale.*

C'est, il est vrai, la seule législation qui, à cette époque, ait imprimé au mariage un caractère plus sérieux. Néanmoins, dans l'origine, nous trouvons chez ce peuple, ce qui se remarque chez les peuples peu civilisés, c'est-à-dire une infériorité de la femme à peu près égale à celle des autres peuples. Eliézer, en effet, fut chargé par Abraham de porter des présents aux parents de Rebecca afin d'avoir la main de leur fille pour Isaac. Nous voyons également Jacob obtenant d'épouser les deux filles de son oncle Laban au bout de quatorze ans de services chez lui. D'ailleurs, les progrès de cette législation, qui consistaient dans la réglementation des conditions du mariage (1) et dans les empêchements qu'elle opposait aux unions incestueuses permises jusqu'alors, ne vinrent que plus tard. Moïse fut en effet le premier législateur qui ait assuré la pureté du foyer domestique. Mais rien ne prouve que la polygamie n'ait pas été permise par lui. Si l'on en juge par David, qui eut huit épouses, et par Salomon, qui en eut sept cents, non compris trois cents concubines, on serait porté à le croire. Moïse et Abraham n'eurent, il est vrai, qu'une femme ; mais la permission, qu'accorda ce législateur primitif à tout Hébreu, excepté au grand Pontife, d'entretenir une ou plusieurs concubines, tendrait à le persuader.

La législation hébraïque n'autorisait la répudiation que de la part du mari. Cependant, plus tard la jurisprudence rabbinique décréta, qu'en certains cas, le mari serait obligé de répudier sa femme, ce qui établissait indirectement la réciprocité.

---

(1) Dispense du service militaire et de toutes charges publiques à de certaines conditions. Deut. XXIV-5.

C'était l'usage chez les Hébreux pour le mari de doter sa femme.

Ainsi , bien que les Hébreux soient le seul peuple qui ait
ainsi réglementé le mariage, on retrouve encore chez eux la
faculté de répudier, propre au mari (1) et même l'acquisition
de la femme par l'homme. D'ailleurs, ils avaient eu le soin
de fixer un prix légal de la femme pour le cas où ce prix
pourrait être débattu de gré à gré, par exemple, dans le cas
où le mariage était forcé pour cause de séduction (2).

Chez les Grecs, nous devons considérer d'abord les temps
héroïques. Sur ce point, les textes sont assez rares et on ne
peut guère avoir une opinion arrêtée sur la situation de la
femme à cette époque. Ce n'est guère que dans la seconde
période que nous pouvons nous faire une idée de la situation
de la femme. Les deux législations, qui seront l'objet de
nos études, celles de Sparte et d'Athènes, sont tout à fait
opposées de mœurs.

Ainsi la soumission naturelle de la femme au mari n'existait pas à Sparte, et c'était une conséquence logique des
institutions de ce pays. En associant les femmes aux travaux
extérieurs et à des occupations semi-guerrières, Lycurgue
les avait dépouillées des qualités et des vertus de leur sexe.
Les exercices publics où elles se montraient dans une im-
pudique nudité, et l'espèce de promiscuité autorisée par la
loi et les mœurs, rendirent les femmes éhontées et indépendantes, ce qui était incompatible avec toute autorité maritale.
La polygamie y était interdite, mais le mari seul avait encore
la faculté de répudier la femme, si elle était stérile.

A Athènes, au contraire, les femmes, même non mariées,
étaient dans une dépendance ou tutelle perpétuelle. Ce tuteur
s'appelait Κυριος. Son assistance était indispensable à la
femme dans tous les actes de sa vie civile. Le κυριος d'une

____

(1) D'après le Gragas, le plus ancien Code d'Islande, il n'y a pas de
mariage légitime si la femme n'a pas été achetée au moins un marc.

(2) Michaelis. Droit mosaïque, tome 2. § 85.

fille ou d'une veuve, était son père ou son aïeul ou son frère ;
celui d'une femme mariée était naturellement son mari.
Outre la dépendance dans laquelle elles se trouvaient envers
le mari ou κυριο:, les Athéniennes étaient encore sous la
surveillance de *gynéconomes,* magistrats moraux et somp-
tuaires. Elles ne participaient nullement aux droits politiques,
et, cependant, elles ne jouissaient pas d'autant de considération que les matrones romaines. Le divorce existait à
Athènes au profit des deux époux, avec cette différence que
le mari était maître absolu de répudier sa femme, sans intervention de la justice, sauf à restituer à cette femme sa dot
et à pourvoir à sa subsistance s'il n'avait contre elle aucuns
griefs. Pour ce qui regardait la femme, elle était tenue de
remettre, en personne et par écrit, sa demande en divorce
à l'archonte, qui l'accueillait ou la rejetait.

Contrairement à ce qui se passait à Sparte, il y avait à
Athènes une dot προιξ. Substituée depuis Solon et même antérieurement à lui à l'achat de la fiancée, elle était devenue
un élément essentiel du mariage légitime. C'est pour cela
que le plus impérieux devoir du κυριος était de doter sa
fiancée, qui était en sa tutelle. Simplement usufruitier de
cette dot, le mari donnait, pour en garantir la restitution,
une hypothèque immobilière αποτιμημα qui primait tout
créancier postérieur, même le fisc. En cas de mort de la
femme sans enfants, la dot faisait retour à celui qui l'avait
constituée ou à ses héritiers, si le droit de retour avait été
stipulé, lors du mariage. A défaut de cette stipulation, la
dot était acquise au mari, qui la confisquait aussi quand la
femme était convaincue d'adultère.

On peut aisément constater ici que quand, chez un peuple,
les idées de justice se développent, il finit par reconnaitre
une personnalité à la femme et cesse de la considérer comme
un objet commerçable. Successivement, l'achat devient un
symbole, une constitution dotale par le mari au profit de sa

femme ou un douaire, jusqu'à ce qu'elle apporte elle-même sa dot. Arrivée à ce notable degré d'indépendance, elle entre dans l'association conjugale presque sur le pied de l'égalité. Néanmoins malgré tous ces progrès, nous ne voyons rien encore en Grèce qui se rapproche de nos règles sur l'autorité maritale.

Quant aux Romains, le seul peuple de l'antiquité dont la législation civile ait été complète, nous retrouverons encore à peu près la même impossibilité de caractériser la puissance maritale, sans entrer dans aucun détail en ce moment ; car nous nous proposons de traiter ce sujet avec tous les développements qu'il comporte : nous parlerons ici uniquement de ce qui semble être le principe général de la législation romaine sur ce point. Nous pouvons la considérer à deux époques bien distinctes ; celle où la femme est *in manu* et celle où la *manus* est tombée en désuétude. Pendant toute la première période, ou la femme est *in manu*, et alors sa capacité est restreinte ; ou elle n'est pas *in manu*, et, dans ce cas, elle est quant à certains biens, entièrement *sui juris*. Plus tard, il est vrai, nous verrons naître des ruines de la *manus* l'autorité maritale ; mais combien elle est loin de la belle institution que nous étudions dans nos lois ! Sans doute, l'état de mariage créait entre les époux des rapports pécuniaires particuliers ; mais c'était entre eux et non vis-à-vis des tiers. Tous les biens de la femme étaient dotaux et paraphernaux. Pour les premiers, d'après certains auteurs, le mari en était toujours propriétaire, sous certaines conditions limitant ses droits, et, quant aux autres, ils n'avaient d'autre maître que la femme, qui, à leur égard, était aussi libre que si elle n'avait jamais été mariée. Ce n'est donc point chez les Juifs, en Grèce, à Rome, que nous devons rechercher l'origine et le principe de l'autorité maritale ; et ici nos maîtres dans la science du droit ne nous ont appris qu'à réglementer une institution qu'ils n'avaient pas créée.

Ce sont les Germains qui nous ont servi de modèles, en ce qu'ils nous ont fourni les premières données sur l'autorité maritale. Certes, les documents qui peuvent nous servir à l'étude de cette partie des mœurs germaniques ne sont ni assez précis, ni assez étendus pour nous permettre de nous en former une idée entièrement exacte; mais ce que le temps nous en a laissé suffit pour nous montrer une analogie frappante entre la position de la femme chez nos ancêtres germains et celle qu'elle occupe aujourd'hui chez nous.

Cette autorité maritale se traduit en latin par le mot *mundium*, expression barbare, destinée à faire accepter aux oreilles latines le mot germain *Münd* ou *Münba*. Pour bien comprendre le sens de ce mot, que la langue allemande n'a pas conservé, il faut le comparer aux autres mots de la même racine, qui subsistent encore de nos jours *Münde* tutelle, *Mündel* pupille, *Mündig* majeur, *Mündtodt*, interdit. Le radical de tous ces mots est le même *Münd* bouche, et l'idée qui a présidé à leur formation est, évidemment, la faculté de parler en justice. Ainsi, le *mundium*, qui avait lieu aussi bien pour les mineurs que pour les femmes, devait avoir la plus grande ressemblance avec notre tutelle. La femme n'avait pas de voix, et le mari parlait pour elle. Mais, à part cette idée générale, qui nous semble suffisante pour dépeindre le caractère de l'institution, quelle en était la physionomie pratique, de quelle manière elle se transformait en loi appliquée, quels en étaient les détails, nous l'ignorons presque complètement. Nous savons seulement que le mari administrait tous les biens de la femme et qu'il pouvait disposer seul des effets mobiliers ; que, quant aux immeubles, ils ne pouvaient être aliénés qu'avec le concours de la femme, et qu'ainsi il y avait une certaine analogie et presque une identité de principe entre le *mundium* et la puissance de l'époux sur la femme mariée sous le régime de communauté.

Cette autorité, si éloignée du despotisme oriental, si

différente de l'égalité ou de l'omnipotence romaine, qui associait la femme à la prospérité de la famille et ne la protégeait que contre ses faiblesses, devint l'origine du ménage. Conservée précieusement chez les peuples de race germanique qui envahirent la Gaule, nous la voyons non-seulement dans les pays de coutume, mais même dans ceux de droit écrit. Dans les coutumes elle prend le nom de *mainbournie* qui signifie protection, tutelle, et qui est l'analogue et la traduction du *mundium* germain. Comme une institution, féconde en bons résultats, propre à prévenir les dangers que la faiblesse et l'inexpérience de la femme peuvent avoir pour ses biens, cette puissance mitigée où le mari a tout pouvoir pour protéger sa femme et aucun pour la dépouiller, grandit et se développa avec le droit coutumier. Après avoir reçu la sanction du temps, elle s'épura, se perfectionna sous la plume des grands jurisconsultes coutumiers et fut considérée comme digne de figurer avec leurs travaux dans notre législation actuelle.

Avant d'en étudier dans notre Code le principe et les conséquences, avant d'en donner la définition et d'en examiner les règles, qu'il nous soit permis de faire une remarque : Si la femme du monde moderne a une position sociale et des droits dans la succession domestique, elle le doit aux mœurs germaines et au christianisme, qui changèrent sa condition ainsi qu'à l'esprit féodal qui a modifié la condition de l'hérédité. Il fallait que ces trois éléments se prêtassent un mutuel concours pour arriver à cette régénération ; car si l'Eglise eût seule essayé d'établir en faveur du mari une sorte de pouvoir en rapport avec la dignité de chacun des époux, la réhabilitation de la femme n'eût pas suffisamment pénétré dans nos mœurs pour permettre au droit intermédiaire d'y mettre la dernière main (1).

(1) 10 août 1789, suppression des priviléges de la puissance maritale.

Aussi lorsqu'on nous suivra dans la revue rapide que nous ferons de toutes les matières juridiques avec lesquelles elle peut avoir des rapports, indiquant les principales difficultés auxquelles son application peut donner lieu et cherchant à donner à chaque cas une solution conforme aux principes généraux et à l'intérêt des époux, on se rendra mieux compte des diverses transformations qu'elle a pu subir.

Avant tout, il n'est pas sans utilité de donner dès à présent un aperçu de ce que la puissance maritale a été dans les pays coutumiers, où nous l'avons puisée, et de définir en quelques mots la capacité de la femme dans les coutumes les plus importantes.

Le principe général qui les dominait toutes, c'est que la femme avait besoin pour contracter de l'autorisation ou du moins du consentement de son mari ; et cette formalité indispensable pour relever la femme, fût-elle séparée de corps, de l'incapacité légale qui la frappait était même étendue, dans la coutume de Cambrai, aux testaments des femmes qui avaient des enfants. Une seule coutume, celle de Montargis, admettait la femme à contracter valablement avec les tiers sans la participation de son mari ; mais c'était là une exception, une anomalie à laquelle nous ne nous arrêterons point.

L'autorisation devait, tantôt être donnée en termes exprès, sacramentels (Orléans, Paris), tantôt par le seul consentement du mari, par son concours à l'acte ou sa ratification postérieure (Bar, Marche, Saintonge, Béarn). Et le défaut de cette formalité avait pour sanction soit une nullité absolue, radicale (1) même, que les tiers pouvaient invoquer, (Paris, Chaumont, Auxerre), soit une simple nullité relative qui pouvait être couverte par l'exécution et par la prescription.

28 mars 1790, abolition des droits d'aînesse et de masculinité. 25 novembre, le conjoint appelé à la succession à défaut de parents.

(1) Les coutumes de Paris, de Sens et de Poitou déclarent les obligations de la femme non autorisée nulles vis-à-vis d'elle et de son mari.

Cette institution de l'autorité maritale pénétra aussi dans les pays de droit écrit, mais avec certaines restrictions nécessaires (1) ; et aujourd'hui, sauf des différences de détail, qui tiennent aux progrès des mœurs et auxquelles le changement de constitution n'est peut-être pas étranger, nous retrouvons dans notre droit actuel tous ses principes.

Il ne nous reste plus maintenant qu'à parler de la puissance maritale telle qu'elle est réglementée dans notre législation. Elle résulte du mariage, et la raison de son existence est dans la différence de caractère et de qualités de l'homme et de la femme. Si l'homme a en partage la hardiesse et la force, et que la femme ne soit que faible et timide ; comme le mariage est une société, et que toute société a besoin d'être dirigée, il est incontestable que l'autorité doit résider entre les mains de celui qui est le mieux à même de l'exercer. Telle est la raison du respect et de l'obéissance que la femme doit à son mari.

On voit aisément que cette puissance maritale, d'abord exercée sur la personne, doit entrainer certains droits pour le mari sur les biens de sa femme. S'il en était autrement, la femme, par les aliénations qu'elle consentirait, pourrait compromettre sa fortune et celle de ses enfants. Les actes qu'elle ferait lui seraient constamment reprochés par son mari. De là, une cause continuelle de discorde dans le ménage. Voilà pourquoi le Code civil, prenant en considération la puissance maritale, les intérêts collectifs de l'union conjugale, par suite les intérêts matrimoniaux, a décidé que la femme ne pourrait prendre aucune espèce d'engagement sans le consentement de son mari.

Cette dépendance de la femme existe même encore au cas de séparation de corps ; car la séparation de corps ne fait

(1) Coutume de Bayonne 11, art. 29.

que distendre les liens du mariage. Pour certains points, la puissance maritale est relâchée ; mais elle ne l'est que pour un temps, jusqu'à ce que les antipathies, qui ont donné lieu à la cessation de la vie commune, aient disparu. On conçoit donc parfaitement que les actes relatifs à la disposition des biens soient encore soumis à l'autorisation écrite du mari ou à son concours dans l'acte, car on a à redouter les mêmes dangers que si la séparation n'existait pas.

Néanmoins, bien que le mari ait la puissance maritale sur sa femme, celle-ci n'est pas complètement à sa merci. Il peut refuser son consentement, ou être dans une sorte d'incapacité ou d'impuissance physique ou légale ; alors la femme s'adresse à la justice, la sauvegarde de ses intérêts, qui, après avoir apprécié la situation où elle se trouve, tranche le différend.

Dans le cas où la société est intéressée à l'accomplissement d'un devoir de la femme, si on peut craindre que le mari n'abuse de la situation faite à son épouse, cette subordination doit nécessairement cesser. Mais en principe, l'autorisation est nécessaire sous tous les régimes laissés par la loi au choix des époux, et il ne peut dépendre d'eux d'en affranchir la femme. C'est là, du reste, le principe posé dans l'art. 1388 C. N., aux termes duquel les époux ne peuvent déroger par contrat de mariage aux droits résultant de la puissance maritale sur la personne de la femme, ou qui appartiennent au mari comme chef. »

DE LA

PUISSANCE MARITALE

PREMIÈRE PARTIE

—

DROIT ROMAIN

On distinguait dans l'ancien Droit romain deux sortes de mariage, dont les effets étaient complétement différents : l'un, le mariage *cum manu*, était tel que la personnalité de la femme se trouvait complétement absorbée dans celle du mari. L'autre, au contraire, laissait à la femme non-seulement sa complète indépendance, mais encore la libre disposition de ses biens.

Lequel de ces deux régimes a été le premier adopté ? Étaient-ils communs à tous les citoyens, ou chacun d'eux était-il devenu exclusivement le monopole d'une classe ?

2

Telles sont les questions que l'état des documents en notre pouvoir ne nous permet de résoudre que par des hypothèses.

C'est, selon nous, une erreur de croire que ces deux espèces de mariage étaient également anciennes et s'appliquaient à deux classes distinctes de citoyens. D'ailleurs Denys d'Halicarnasse, faisant l'histoire des premiers temps de Rome, nous montre la *manus* déjà en pleine vigueur dès l'époque la plus reculée. Il cite même une loi par laquelle Romulus en avait réglementé les effets. Sans doute il faut, dans ces récits, faire la part de la légende ; mais il s'est passé chez les Romains ce qui se passe dans l'enfance de toutes les sociétés : le principe existait dans les mœurs avant d'exister dans les lois, ou peut-être y figurait-il déjà sous un autre nom. Du reste, l'organisation de la famille romaine, faisant un corps distinct, ayant des rapports avec le reste du peuple au point de vue politique, mais, dans la vie privée, séparée des autres familles par ses intérêts, par ses dieux même, a beaucoup contribué à la durée de cette institution. Elle a empêché la femme de jouir de son indépendance vis-à-vis du chef de famille et de contrebalancer son autorité par des influences étrangères.

Quant au mariage libre, il tire son origine, et de l'adoucissement de la puissance du chef de famille, adoucissement dû aux progrès des idées, et des entraves que, sous le régime précédent, l'intérêt devait apporter aux mariages. En effet, la *manus* avait souvent les conséquences les plus désastreuses pour la famille, si la femme était *sui juris,* et pour le père si elle était en puissance. Ils devaient donc s'opposer, les uns et les autres, à un acte qui les dépouillait ; et on chercha dans le mariage libre la manière de maintenir l'intégralité de leurs droits. On ne peut guère préciser l'époque de cette transformation ; on sait seulement qu'elle eut lieu antérieurement à la loi des Douze Tables, car cette loi ad—

mettait le mariage libre et en réglait même certaines conditions.

Il n'y a pas de raison sérieuse de croire que chacun de
ces régimes ait appartenu exclusivement à l'une des classes
de la société romaine. Il est naturel que la *manus* ait été
plus fréquente chez les patriciens, car la *confarreatio* parait
avoir longtemps accompagné les mariages ; mais rien ne
prouve que les plébéiens n'employaient pas les autres moyens
pour arriver au même résultat. Assurément, s'il en eût été
ainsi, les auteurs, qui nous ont transmis l'histoire complète
des luttes des deux ordres et des concessions qui en furent
la conséquence, n'auraient pas manqué de nous dire à la
suite de quels troubles politiques une caste aurait emprunté
à une autre une prérogative aussi importante.

Le mariage *cum manu* est, en tous points, la consécra-
tion du principe de la puissance maritale, et nous ne sorti-
rons pas de notre sujet en l'étudiant en détail.

CHAPITRE Ier.

DE LA MANUS.

Dans le premier état du Droit romain, le mariage ne suffisait pas pour créer la puissance maritale. La famille était tellement constituée que la puissance paternelle ne pouvait s'étendre ou se créer sans une cérémonie particulière, sans des formalités spéciales destinées à transformer une convention privée en un acte solennel et public. Le mariage était un contrat qui devenait parfait sans l'intervention de la loi, sans la sanction du peuple. Il ne pouvait donc seul changer la constitution de la famille et enlever au père sa puissance sur sa fille. Il fallait pour transporter la personne civile de la femme de la maison de son père dans celle de son époux, accomplir certaines cérémonies que nous allons énumérer. On créait ainsi au profit du mari une puissance particulière, qui a la plus grande analogie avec la *patria potestas ;* mais qui s'en distingue à quelques points de vue, la *manus.*

Manus (1), *mancipium, manumissio* ont un radical commun, la main, c'est-à-dire la force. Les fils de famille, les enfants, les femmes, étaient sous la main du *paterfamilias* et cette expression française, qui indique une omnipotence complète, ne doit pas rendre d'une manière trop inexacte le pouvoir du chef de la maison romaine. Le mot *manus* s'em-

---

(1) Gaius. Com. 1er, § 49. Id., 109 et subséq. 19, § 18.

ployait spécialement pour désigner la puissance sur les femmes libres, à l'exception de celles *in mancipio*. Ainsi elle pouvait appartenir à d'autres qu'aux maris, mais elle ne doit attirer notre attention que lorsqu'elle existait entre époux.

Nous avons à voir sous ce point de vue : 1° comment elle s'établissait et comment elle se perdait ; 2° quels étaient ses effets, c'est-à-dire quel pouvoir le mari avait sur la personne et les biens de sa femme. Lorsque nous aurons passé en revue ces différentes questions, nous essayerons de déterminer quelle était à la même époque primitive la puissance maritale lorsque le mari n'avait pas la *manus* sur sa femme.

§ 1er. *Comment s'établissait et se détruisait la manus ?*

La femme tombait sous la *manus* de son mari par la *confarreatio, la coemptio ou l'usus*.

La *confarreatio* avait un caractère essentiellement religieux : « *In sacris,* dit Pline, *nihil religiosius confarreationis vinculo erat.* » Quant à son origine, elle paraît remonter aux âges les plus reculés de l'histoire romaine, et Denys d'Halicarnasse, citant une loi qu'il dit être de Romulus, en explique les termes par l'emploi de la *confarreatio.*

Quel que soit le mérite de cette interprétation, on ne saurait nier qu'elle ne soit en parfaite harmonie avec le caractère de ces temps reculés où le droit civil et le droit sacré étaient tellement confondus que toutes les difficultés étaient soumises aux pontifes et tranchées par eux. Elle est confirmée d'ailleurs, par le témoignage de Tacite qui, parlant de cette cérémonie, en place le berceau dans les temps les plus reculés « *horridam antiquitatem* ». (Ann. 4. 16.)

Les trois principales conditions de la *confarreatio* dont

la connaissance est due à Gaius (1) et à Ulpien, sont : 1° Un sacrifice dans lequel on fait usage d'un gâteau de froment, *panis farreus ;* 2° certaines paroles solennelles ; 3° enfin la présence de dix témoins.

Dans ce sacrifice, présidé par le grand pontife et le flamine de Jupiter, on employait l'eau et le feu, comme pour prendre à témoin la nature entière, représentée ainsi par ses principaux éléments. Les époux y paraissaient, assis sur un siége garni de la peau d'une brebis sacrifiée aux Dieux, et la tête couverte d'un voile. Lorsqu'ils étaient ainsi placés, ils partageaient un gâteau fait de miel et de froment, en prononçant certaines paroles consacrées, et si aucun présage fâcheux ne venait troubler la cérémonie, ils étaient *confarreati.*

Le plus remarquable effet de cette cérémonie était moins, de faire naître la *manus,* ce résultat pouvant être produit autrement, que de rendre les enfants, issus d'un mariage ainsi contracté, aptes à certaines fonctions sacerdotales. Aussi la *confarreatio* parait-elle avoir été réservée aux patriciens dont, pendant longtemps, ces dignités furent l'apanage exclusif.

A côté de la *confarreatio* se place la *coemptio,* la vente de la femme, qui paraît avoir été employée par les plébéiens pour faire naître la *manus.* C'est surtout dans le droit des gens que cette cérémonie trouve son origine ; car elle n'est autre que cette vente véritable ou fictive que nous voyons, chez la plupart des peuples de l'antiquité, accompagner le mariage lui-même.

Toutes les conditions qui entouraient la vente véritable se trouvent ici réunies : cinq témoins, tous citoyens romains et pubères, représentant les cinq classes du peuple, et un sixième portant une balance. Selon Gaius, pour faire naître la *manus,* il fallait uniquement, avec ces six témoins, la présence des

____

(1) Gaius, 1, § 110, 111, 112, 113, 114.

deux époux. Mais comment la femme, fille de famille, pouvait-elle consentir à sa propre aliénation ? Certainement elle ne devait pas être placée sur la même ligne que la femme *sui juris,* qui se vendait avec l'assistance de son tuteur, et c'était au père à investir le mari des droits dont il avait la plénitude.

Assurément aussi les paroles ordinaires de la mancipation ne pouvaient suffire, puisque la femme entrait dans la famille avec le titre de fille et y trouvait tous les droits que donne l'agnation. D'ailleurs les relations que la *manus* établissait entre les époux ne donnaient pas au mari un droit de propriété sur elle. Quelles étaient donc ces paroles ? On en est réduit sur ce point à de simples conjectures. Huschke, s'aidant d'un texte de Boëce, croit pouvoir rétablir la cérémonie de la manière suivante : Le mari s'adressait d'abord à la femme : *Visne tu mihi ex jure Quiritium materfamilias esse ut ubi ego gaius, tu gaia sies ?* La femme répondait : *Volo.* Puis, reprenant la parole, elle lui faisait, à son tour, la même question et recevait la même réponse. Alors intervenaient les formalités de la vente ordinaire. Le mari frappait la balance avec une pièce d'airain en disant : *Te ego ex jure Quiritium matremfamilias meam esse aio, estoque mihi empta hoc œre œneâque librâ.* Il remettait la pièce au père ou à la femme elle-même, si elle était *sui juris,* et dès ce moment il avait acquis *la manus.*

Ce mode survécut à la *confarreatio* et à *l'usus* et ne tomba en désuétude qu'avec l'institution même de la *manus* (1).

D'après Gaius, à qui nous devons les renseignements les plus précis que nous ayons à cet égard, la femme tombait *in manu,* après une année de mariage. La femme devenait ainsi l'objet d'une sorte d'usucapion (*usu velut annuâ*

____

(1) Com. 1. Gaius, § 111.

possessione usucapiebatur), qu'elle pouvait interrompre, chaque année, par une absence de trois nuits du toit conjugal (*si trinoctio usurpatum erit*).

Comment a-t-on été amené à faire à la femme l'application d'un mode d'acquérir qui avait été créé pour les biens mobiliers et qui semblait en faire une chose susceptible d'appropriation, un animal ? Etait-ce pour éviter, dans les mariages patriciens, les longues cérémonies de la *confarreatio*, ou bien ne devons-nous pas en trouver la cause dans la difficulté que pouvaient présenter les mariages entre patriciens et plébéiens d'opter entre la *confarreatio*, inapplicable par suite de la différence des *sacra*, et la *coemptio*, que devait repousser l'orgueil des patriciens ?

Ne pourrait-il pas se faire encore que ce mode d'établissement de la *manus* fût un moyen de transaction pour ne pas enlever tout d'abord au père une puissance dont il ne voulait pas se départir, et pour permettre cependant à la femme de se rattacher à la famille de son mari, lorsque, plus tard, elle serait devenue *sui juris* ? Quoi qu'il en soit, il nous semble que l'*usus* a suivi de près la naissance du mariage libre, et si la loi des Douze Tables a indiqué le moyen de l'empêcher, c'est qu'elle l'a implicitement considéré comme en vigueur.

Les conditions requises pour l'*usus* étaient celles exigées par la loi pour l'usucapion ordinaire. La possession, qui y conduisait, datait du mariage et consistait dans les rapports conjugaux, mais elle portait seulement sur le droit à acquérir sur la femme et non sur la femme elle-même « *quia ipsas non possidemus* » dit Gaius (C. 2, § 90). D'ailleurs, même dans cette limite, cette sorte d'usucapion constituait une exception ; car ce mode d'acquisition n'était admis en principe, ni pour la *patria potestas*, ni pour le *mancipium*. Enfin, et pour compléter l'identité avec l'usucapion ordinaire, si la possession venait à être interrompue par l'absence de la femme pendant trois nuits consécutives, le mari n'avait acquis aucun droit. Toutefois il fallait que cette absence eût directement pour but de produire une interruption dans la possession du mari. Il n'en aurait pas été de même si elle avait été purement accidentelle.

Comment se faisait le calcul de ce temps? Il se faisait de manière à ce que le premier jour, celui duquel datait la possession, fût mis de côté, et que le dernier jour fût réputé accompli dès qu'il était commencé. Ainsi, pour une possession qui aurait commencé dans le courant du 1ᵉʳ janvier, l'acquisition se serait trouvée consommée à minuit, dans la nuit entre le 31 décembre et le 1ᵉʳ janvier. C'est ce que dit positivement Venuleius : *In usucapione ita servatur ut, etiamsi minimo momento novissimi diei possessa sit res, nihilominus repleatur usucapio, nec totus dies exigitur ad explendum constitutum tempus* (1). Nous trouvons la même règle posée par Ulpien, qui en fait lui-même l'application, lorsqu'il dit : *In usucapionibus non a momento ad momentum; sed totum postremum diem computamus. Ideoque qui horâ sextâ kal januariarum possidere cœpit, horâ sextâ noctis pridié kal januárias implet usucapionem* (2). Enfin Aulu-Gelle, traitant de l'acquisition de la *manus usu*, s'exprime en ces termes : *Quintum Mucium jureconsultum dicere solitum legi non esse usurpatam mulierem quæ kalendis januariis apud virum causâ matrimonii esse cœpisset, et ante diem quartum calendas januarias sequentis usurpatum isset. Non enim posse impleri trinoctium, quod abesse a viro usurpandi causâ ex Duodecim Tabulis deberet, quoniam tertiæ noctis posteriores sex horæ alterius anni essent qui*

---

(1) Loi 15, pr. 44. 3.
(2) Lois 6 et 7. De usurp.

inciperet ex calendis (1). Supposons que la femme a commencé à résider chez son mari le 1er janvier ; le 29 décembre suivant *ante diem IV calendas januarias*, elle sort, et ne revient que dans la journée du 1er janvier, de sorte qu'elle a bien été absente *trinoctio*, trois nuits de suite. Cependant, il n'y a pas eu *usurpatio*, et quand elle revient, la *manus* est acquise à son mari. En effet, pour qu'il y eût *usurpatio*, il faudrait que la première année ne se fût pas écoulée sans une absence de trois nuits consécutives : or, au moment où la première année se trouve écoulée, l'absence de la femme a duré seulement deux nuits et demie. Ce texte prouve on ne peut plus clairement que la possession ayant commencé à un instant quelconque du 1er janvier, l'*usucapion* est accomplie à minuit, à la première minute du 1er janvier.

On a soutenu que le mariage n'était vraiment complet et légitime, qu'autant que l'année de possession avait fait acquérir la propriété de la femme. On a dit aussi qu'il n'y avait pas mariage civil tant que l'année de possession n'était pas écoulée et tant que la femme interrompait la possession que son mari avait d'elle. *Usu in manum conveniebat quæ anno continuo nupta perseverabat* (Gaius 1, § 111). En examinant de près cette expression *nupta* qui signale un mariage célébré, des noces, on remarque que Gaius ne dit pas : La femme tombait *in manu*, quand elle avait cohabité un an ou quand elle avait été unie pendant un an. Il se sert du mot *nupta*, qui implique l'existence de noces préexistantes. Le mariage était donc parfait avant la fin de l'année ; la femme était donc *nupta* dès le commencement, et la possession annuelle du mari n'ajoutait rien à l'existence du mariage civil *perseverabat*. Elle ne faisait que faire passer la femme dans la puissance et dans la famille de son mari.

(1) Aulu-Gelle, Nuits attiques, liv. 3, chap. 2.

On s'est demandé aussi s'il dépendait toujours des époux de faire naître la *manus* en laissant s'accomplir l'usucapion. La question ne peut-être posée pour la fille de famille. Le père, conservant tout pouvoir sur sa personne, pouvant l'enlever à son mari et dissoudre le mariage, consent tacitement à l'établissement de la *manus* en n'usant pas du droit que lui laisse la loi. Il ne saurait en être de même vis-à-vis du tuteur, car, puisqu'il n'a pas le droit de dissoudre le mariage, il ne peut, par suite, empêcher l'usucapion. D'autre part, on ne pourrait admettre que la femme pût rejeter la tutelle, lorsqu'elle était une garantie de succession pour celui qu'il exerçait. La question s'est posée au sujet d'une certaine Valeria qu'on prétendait être tombée sous la *manus* de son mari ; et voici comment Cicéron l'a résolue (1). Il se demandait d'abord si c'était *usu ou coemptione usu non potuit ; nihil enim potest de tutelâ legitimâ sine omnium tutorum auctoritate diminui.* Ainsi, pour que la femme pût devenir *alieni juris*, il fallait l'*auctoritas* du tuteur ; or, l'*auctoritas* s'applique à un acte formel, mais non à l'espéce d'aliénation qui résulte d'un *usus* prolongé. C'est pourquoi les effets de l'*usus*, ainsi que des deux autres modes précédents, doivent être restreints aux cas de tutelle testamentaire, optive ou fiduciaire.

Quant au nom donné à l'épouse, il variait suivant qu'elle était ou non *in manu.* « *Genus est uxor*, dit Cicéron ; *ejus duæ formæ ; una matrumfamiliarum, earum quæ in manu convenerunt ; alter earum quæ tantumodo uxores habentur* (2). » Aulu-Gelle confirme ces renseignements et selon lui le titre de *materfamilias* n'appartient qu'à la femme *in manu* (3). Néanmoins on n'a pas toujours été si

(1) Cic. pro Flacco, 34.
(2) Ciceron (Top. 3).
(3) Aulu-Gelle, 18, 6.

rigoureux sur le sens de ce mot, car Ulpien (1) s'en sert pour désigner la femme *sui juris*. Servius appelle, au contraire, la femme qui n'est pas *in manu matrona « alii dicunt matronam dici quæ in matrimonio cum viro convenerit, matrem vero familias quæ in mariti mancipioque esset. »*

Comme la *patria potestas*, la *manus* cessait par la mort du mari ou de la femme, la *maxima* ou la *media capitis deminutio* de l'un ou de l'autre des époux, l'adoption, l'adrogation du mari ou l'émancipation de la femme (Gaius 1, § 137). Il nous faut mentionner aussi la *diffareatio*, mais qui, à cause de ses cérémonies solennelles et lugubres, était excessivement rare. Seulement elle ne pouvait être employée que lorsque la *manus* avait pris naissance *confarreatione*. Le dernier mode était la rémancipation, lorsque la *manus* avait été amenée par le *coemptio*. Dans ces deux manières d'éteindre la *manus* nous retrouvons encore l'application d'un principe, bien fréquent dans la procédure romaine, qu'il est dans la nature des choses d'employer, pour dénouer les engagements, les mêmes moyens dont on fait usage pour les nouer. *Nihil tam naturale est, quam eo genere quidque dissolvere, quo colligatum est* (2).

Lorsque le divorce avait lieu, il ne faisait cependant pas cesser par lui-même la *manus*, car il est très douteux que dans le principe la femme ait pu contraindre son mari, par

---

(1) Ulp., tit. 4, § 1.

On prétend que le mot *uxor* vient de *ungere*, car il était d'usage, lorsque la femme entrait chez son mari, de frotter d'huile les jambages de la porte. (*Donat sur Térence et Servius.*)

On trouve d'ailleurs dans les fastes d'Ovide, chap. VI, un exemple de changement de consonne. *Nam mihi sicut conjunx sancta Dialis ait.* *Conjunx* est devenu *Conjux*. Suivant *Macianus Capella*, *uxor* vient de ce que la cérémonie qui consistait à huiler la porte était sous le patronage de *Juno Unxia*.

(2) Dig., 1. 35, liv. 50, tit. 17.

l'envoi du *repudium*, à résigner son droit de puissance. Assimilée à la fille de famille, elle ne pouvait pas plus qu'elle reprendre sa liberté. Mais plus tard, du temps de Gaius, le droit qu'avait la femme de provoquer son émancipation était incontestable : *hæc autem repudio misso virum proinde compellere potest, atque si ei nunquam nupta fuisset* (Gaius, Com 1, §. 137) (1).

§ 2. *Quels étaient les effets de la manus.*

La femme *in manu* sortait de sa propre famille et y perdait tous droits d'agnation. Elle entrait dans la maison de son mari et devenait la sœur de ses enfants. Le mari acquérait sur sa personne et sur ses biens des droits presque identiques à ceux que donnait la puissance paternelle. Remarquons-le cependant : il n'en était ainsi qu'autant qu'il était lui-même *sui juris*. S'il était *alieni juris*, c'est-à-dire soumis à la puissance paternelle ce n'était pas de son autorité, mais de celle du chef de la famille que la femme relevait.

On n'est pas bien fixé sur l'étendue des droits que la *manus* accordait au mari. Il parait avoir eu sur la femme, tout ou moins dans le principe, un droit de vie et de mort ; et nous voyons dans l'histoire un certain Egnatius Metellus donnant, dit-on, un remarquable exemple en faisant expirer sous le bâton sa femme coupable de s'être enivrée (2). Plus tard ce droit cesse d'être arbitraire. Le mari prononcera encore dans certains cas sur la vie de sa femme ; mais il sera assisté de parents, composant une sorte de tribunal

(1) Gaius, Com. 1er, § 137, 162. Festus, V° *differreatio, flammeo.*
(2) Valère-Maxime, liv. 8, c. 1. *Equatium Metellem uxorem quod vinum bibisset juste intermisse.*

de famille dont il est le président (1). Il peut vendre sa femme, et Gaius n'établit aucune différence sur ce point entre cette dernière et les enfants soumis à la *patria potestas*. Ce droit avait pourtant donné lieu à controverse, car Plutarque affirme que l'on confisquait les biens du mari qui vendait sa femme. Peut-être ne faut-il voir dans cette divergence que le résultat des modifications apportées au principe par des actes législatifs, qui ne sont pas parvenus jusqu'à nous et qui avaient amélioré la condition de la femme comme le fut peu à peu celle des enfants. Le mari peut donner sa femme en adoption, exercer, si on la lui enlève, l'action de vol, que la loi donne au propriétaire, et enfin, conservant son pouvoir sur elle en quelque sorte même après sa mort, lier sa liberté en lui imposant par testament un tuteur.

Le mari a sur les biens de la femme un pouvoir aussi absolu que sur sa personne. Il en devient le seul propriétaire et semble s'en être approprié ainsi toute l'individualité. Du jour du mariage, elle est morte aux yeux du droit civil, et le mari est devenu son héritier. La *manus* a produit en sa faveur une *successio in universum* (2). Aussi, ne saurait-il être ici question d'autorisation. La femme n'a d'autre personnalité que celle du mari; elle pourra bien acquérir ou stipuler, mais ce sera toujours au profit du mari, sans qu'elle puisse cependant l'obliger par ses actes (3). Ainsi, son mari acquerrera sans aucun doute sa propriété et probablement aussi le *jus hœreditarium*; mais pourra-t-il acquérir la possession? *Quœri solet*, dit Gaius, c'est une question qu'on discute *quia ipsas non possidemus*. II 90.

Pour éviter une digression sur les droits qu'acquérait la femme *in manu* en entrant dans la famille de son mari, nous

(1) Tacite, Annal, liv. 13, § 32. Aulu-Gelle, X, 23.
(2) Gaius, Com. 3, § 82, 83, 84. Gaius, 2, § 96, 98.
(3) Gaius, Com. 2, § 90. Ulp, reg., 19, § 18.

dirons d'une manière générale que, considérée comme la
fille de son mari, elle retirait soit vis-à-vis de lui, soit vis-à-
vis des autres membres de sa famille, tous les avantages
auxquels ce titre pouvait donner droit.

CHAPITRE II.

DES MARIAGES LIBRES.

Sous le régime que nous venons d'étudier, l'autorité du
mari était dans toute sa force ; dans le mariage libre, au
contraire, elle était en pleine décadence. Quel en fût le
motif ? On pense généralement qu'il vient de ce que les
femmes avaient pour habitude de se réserver des paraphernaux, afin de se rendre indépendantes de leurs maris. On
aurait eu bien raison d'écouter les sages conseils de Caton
l'Ancien, cet inflexible représentant des mœurs aristocrati-
ques, lorsque, dans son discours sur la loi Voconia, il opposait aux hommes le caractère des Romains d'autrefois, aux
femmes leur antique subordination et la licence de leurs
prétentions nouvelles (1) ; car l'autorité maritale aurait con-

(1) Tite-Live, 34, 2.

tinué de jouir de toutes ses prérogatives, et au temps de Cicéron, le nombre des mariages libres n'aurait pas égalé celui des mariages avec *coemptio* et *confarreatio*. L'épouse ne fût pas devenue une étrangère pour son mari. Même fille de famille, elle n'eût plus été soumise à la puissance paternelle et on n'eût pas été obligé de souffrir jusqu'à Antonin (1) qu'elle fût prêtée plutôt que livrée à son mari. Enfin on n'eût pas été forcé de supporter sa complète indépendance, et sous le rapport de la personne et sous le rapport des biens, si elle eût été *sui juris*.

Assurément, elle devait le respect à son mari, *reverentia ;* mais ce principe ne paraît pas avoir eu de grandes conséquences juridiques, puisque l'autorisation exigée pour plaider contre un ascendant (2) n'était pas exigée pour plaider contre son mari. — Bien plus, nous ne voyons nulle part qu'on puisse la contraindre à demeurer au domicile conjugal ; et si, au Digeste (3), Hermogène fait mention d'une action *de uxore exhibendâ atque abducendâ*, il la donne non pas contre la femme mais contre un ascendant qui a abusé de la puissance paternelle pour rompre un mariage heureux *bene concordans matrimonium*.

Il n'y a sous ce régime aucune distinction à faire entre l'administration et la disposition des biens, puisque la femme y jouit d'une liberté absolue. Si elle a besoin d'être assistée, ce n'est pas à son mari qu'elle devra s'adresser, mais à ses agnats, au père qui l'a émancipée, ou au patron qui l'a affranchie ; et si elle n'est soumise à aucune de ces tutelles légitimes, au tuteur datif ou testamentaire, que le mariage de la femme n'a nullement déchargé de ses fonctions.

L'opposition qu'il y a entre le pouvoir exorbitant du

(1) Loi I, § 5. Loi II. Dig., de Liberis exhibendis. Loi XI. C. de Nuptiis.
(2) Loi 4, § 1. Liv. 2, tit. 4.
(3) 43. 30, Loi 2.

mari sous le premier de ces régimes et sa complète annihilation sous le second, fournit, d'après nous, une preuve historique en faveur de l'ancienneté de la *manus*. Les institutions sont le résultat des idées de l'époque où elles naissent comme elles en sont la preuve. Il n'est guère probable que deux systèmes, tout à fait contraires, aient été mis au jour en même temps et aient subsisté côte à côte dès le principe. Du moment où le pouvoir public se fut raffermi, la constitution domestique dut perdre de son importance en perdant de son utilité. Dès ce jour, dut se développer une tendance à rendre aux rapports des divers membres de la famille le caractère que leur assigne le droit naturel et à les affranchir d'une rigueur que ne justifiait plus l'intérêt public. Il pourrait se faire que le mariage libre fût né de l'exagération de cette idée. Mais ce qui nous paraît certain c'est que si ces deux régimes ont conservé aussi longtemps leur homogénéité, c'est que l'un représentait le passé, auquel, de tout temps, le respect, l'habitude ou l'intérêt attirent des suffrages, tandis que l'autre était l'expression d'une école, protestant contre une institution en contradiction avec les idées de l'époque. — Les défenseurs du dernier régime croyaient à juste titre qu'il fallait à une société nouvelle de nouvelles institutions, mais, comme presque tous les novateurs, ils ont dépassé le but, tout en craignant de ne pas l'avoir complétement atteint. Les partisans des deux systèmes restèrent longtemps en présence ; puis comme toujours vint une troisième opinion prenant à celles qui l'avaient précédée ce qui méritait d'être conservé, mais rejetant leurs exagérations. Telle est l'institution que nous aurons à examiner en dernier lieu et qui est le régime dotal.

Par suite de cette immense révolution dans les idées, la disparition de la *manus* semblait inévitable. Elle s'éteignit en effet peu à peu quand la *coemptio* fut devenue une formalité, à l'abri de laquelle les femmes pouvaient impunément satisfaire leurs caprices (1). D'un autre côté, grâce à l'adoucissement progressif dont le travail de la jurisprudence était la cause, la tutelle des femmes devint, avant de tomber en désuétude, une charge dont on pouvait se départir au profit de personnes de leur choix, ce qui faisait dire à Cicéron, dans une de ses harangues : « *Mulieres omnes propter infirmitatem consilii majores in tutorum potestate esse voluerunt : hi invenerunt genera tutorum, quœ potestate mulierum continerentur* » (2).

Ainsi, des trois modes d'établissement de la *manus*, à l'époque de Gaius, l'*usus*, avait complétement disparu. Si la *confarreatio* avait survécu, c'était à son caractère religieux qu'il fallait l'attribuer. D'ailleurs, certaines fonctions sacerdotales, comme celles de Grand Flamine, ne pouvaient être exercées que par des personnes dont les parents avaient été *farreati*. C'est là ce qui explique un texte de Boëce où il nous présente la *confarreatio* comme exclusivement réservée aux prêtres ; mais telle fut bientôt l'aversion qu'inspira la *manus* que les avantages attachés à ces sacerdoces ne suffirent plus pour en triompher, et Tacite (3) nous dit que sous Tibère on ne put trouver trois candidats issus de parents *confarreati*. Selon lui, on ne peut expliquer cette pénurie que par le désir d'éviter les longueurs de la *confarreatio* et la crainte de perdre la puissance paternelle sur les enfants, le jour où ceux-ci auraient été revêtus de fonctions sacerdotales. C'était précisément pour porter re-

---

(1) La femme faisait *coemptio* pour arriver à se faire affranchir et à avoir comme *capite minuta* le droit de tester. Si une femme était tenue des *sacra privata* d'un *decujus*, elle épousait fictivement un vieillard avec qui elle faisait *coemptio*. Les biens de la succession passaient à ce vieillard avec les *sacra*, et lorsque la femme était affranchie, elle recueillait les biens pour laisser les *sacra* au *coemptionator*.

(2) Cic. pro. Mur., c. 12 § 27.

(3) Tacite, Annal, 4. 16.

mède aux ennuis auxquels donnait lieu la *confarreatio*
qu'il avait été décidé que la femme ne se trouverait soumise
à la puissance de son mari que dans les limites imposées
par les exigences de la loi religieuse *sacrorum causâ* ; et
que lorsque ces conditions seraient remplies, elle serait,
quant à tout le reste, assimilée aux autres femmes. Mais ce
dernier vestige de la *confarreatio* disparut enfin lui-même
avec le paganisme. La *coemptio* fut, de tous les modes
employés pour produire la *manus,* celui qui subsista le plus
longtemps. Elle existait certainement encore aux temps de
Gaius et d'Ulpien; et il est difficile de déterminer l'époque à
laquelle elle fut définitivement abandonnée à son tour ; mais
le Code Théodosien n'en parle pas et il n'y en a pas de traces
dans le Digeste.

APPENDICE.

Nous avons à parler d'une institution, qui n'a guère dû
tomber en désuétude que sous l'Empire, c'est-à-dire du
tribunal de famille. Considéré comme une tradition de l'époque où les hommes vivaient encore à l'état de tribu, son

origine se perd dans la nuit des temps. D'ailleurs, Denys d'Halicarnasse et Polybe (1), par les textes qu'ils nous ont laissés, nous permettent de conclure que cette juridiction a été connue à Rome dans les temps les plus reculés. Quant aux autres, tels que Tite-Live, Valère-Maxime, Florus et Salluste (2), ils nous donnent maints exemples de la mise en action de ce tribunal de famille.

Cette juridiction s'est ressentie, il est vrai, de l'Empire dont le pouvoir politique dominait la famille. Cependant, il ne l'a pas complétement absorbée. Les historiens des Césars nous en fournissent du reste la preuve. Ainsi Tibère, suivant Suétone (3), soumit les femmes qui avaient manqué aux lois de la pudeur, au jugement de leurs cognats *more majorum*. L'auteur ajoute qu'il fallait qu'il n'y eût pas de poursuite commencée d'office *quibus accusator publicus deesset*. Sous Néron, Tacite (4) nous rapporte également l'exemple d'un mari, présidant le tribunal des proches, et acquittant sa femme, accusée de s'être faite chrétienne *superstitionis externæ rea*. Depuis cette époque jusqu'à loi de Valentinien et de Valens (5), il n'est nulle part question du tribunal de famille. Encore, dans cette dernière loi, ne doit-il être constitué que si le père n'existe plus. Ainsi, le mari qui avait la *manus* ne pouvait pas dépasser certaines limites dans l'exercice de son autorité. Voulait-il aller au delà de simples actes de correction, il devait avoir l'avis et l'appui du tribunal domestique, dont l'opinion contraire pouvait le paralyser.

Composé de cognats jusqu'au sixième degré, s'il s'agissait d'une femme mariée *non in manu*, le mari et ses ascendants

(1) Denys d'Halicarnasse, II § 25.
(2) Tite-Live, 2. 41, 39-18. Epit. 48, Salluste, Catilina.
(3) Suétone in Tiber., 35.
(4) Tacite, Annales, 13-32.
(5) Code, 9, 13.

ayant la *patria potestas*, prenaient part à la décision. S'il y avait *manus*, les cognats du mari siégeaient à côté des cognats de la femme. Enfin, le chef de famille pouvait toujours et devait, en l'absence des cognats, convoquer des amis ou des étrangers qui devenaient alors membres du tribunal.

Parmi les faits de la compétence de la juridiction domestique, qui concernent les femmes, nous devons signaler l'adultère, le fait de boire du vin (1), et d'avoir une conduite immorale (2). Paraissaient également devant le tribunal les veuves accusées d'avoir empoisonné leurs maris (3), et les femmes mariées auxquelles on reprochait d'avoir adopté une religion étrangère (4). Il n'y avait sur ce point aucune distinction entre les femmes *in manu et sui juris*.

Les peines prononcées par cette juridiction, n'avaient rien de spécial. Ainsi les femmes pouvaient être condamnées à mourir de faim ou à être étranglées par ordre des cognats. Elles n'avaient qu'une ressource, c'était de se soustraire par un exil volontaire à la condamnation du tribunal domestique (5).

(1) Polybe, liv. 6, frag. 1. Denys d'Halicarnasse, 11, 25.
(2) Tite-Live, 39-18.
(3) Tite-Live. Epit. 48.
(4) Suétone. Tibère, 35. Tacite, Ann., 13-32.
(5) Val. Max., Liv., 6, cap. 1ᵉʳ, § 5.

CHAPITRE III.

Du pouvoir du mari sous le régime dotal

———

Les mariages libres devinrent si respectables qu'on pensa à les réglementer. Pour cela, on introduisit un régime que l'on considérait comme une institution pleine d'avenir. Mais, avant d'arriver à une réforme si radicale, celle de la substitution du régime dotal à celui de la *manus*, on avait autorisé certaines conventions qui assuraient, en cas de divorce, la restitution des biens apportés par la femme au mari *cautiones rei uxoriæ* (1). Plus tard, pour suppléer à l'omission de ces conventions, on avait donné une action *rei uxoriæ*. Enfin est venue la dot qui consistait dans ce que la femme ou un tiers, agissant dans son intérêt, promettait au mari, pour l'aider à soutenir les charges du mariage. Ce régime avait d'ailleurs, sur les précédents, l'avantage de concilier l'intérêt des deux époux.

Sans doute, il obligeait la femme à accomplir certains devoirs que nous allons énumérer, mais il lui assurait aussi certaines garanties telles que l'inaliénabilité du fonds dotal,

(1) Aulu-Gelle, 4. 3. *S. Sulpicius tum primum cautiones rei uxoriæ necessarias esse visas scripsit :* on tenait à éviter que le mari gardât les biens de sa femme comme l'avait fait Sp. Carvilius Ruga, qui, le premier usa du divorce.

la prohibition des donations entre époux, etc. Parmi les
devoirs que le régime dotal mettait à sa charge, il en est qui
dérivaient du mariage lui-même, et qui atteignaient sa personne, tandis qu'il en est d'autres qui venaient de la constitution dotale et qui portaient sur les biens. De là, deux
espèces de puissance maritale : la puissance maritale sur la
personne et celle sur les biens.   .

§ 1. *De la puissance maritale sur la personne.*

Le droit du mari à la cohabitation, antérieurement reconnu par Antonin (1), et consacré par Dioclétien (2) d'une
manière plus certaine, ne fut définitivement fixé et considéré comme de l'essence du mariage que sous Justinien (3). Ainsi, sous Justinien, le domicile de la femme
était celui du mari. De plus, les époux se devaient mutuellement fidélité, secours, assistance, car ce sont des conséquences du mariage : *individuam vitæ consuetudinem
continens,* ou encore d'après la définition de Modestin, de
cette *conjonctio maris et feminæ, consortium omnis
vitæ* (4). Ulpien, d'ailleurs, semble consacrer ce principe,
lorsqu'il dit que les époux doivent se prêter un mutuel
concours : *quid enim tam humanum est quam est fortui-
tis casibus mulieris maritum vel uxorem viri participem
esse* (5).

Pour ce qui est du droit réciproque de fidélité, Justinien
le consacre d'une manière expresse dans une de ses Novel-

(1) Loi 1 et 5. Loi 2. D. de lib. exhib.
(2) Loi 11. C. de *nuptiis.*
(3) L. 22, § 1. 38, § 3. *Ad municip et de Incolis.* 65 *de judiciis.*
(4) Just liv. 1. Tit X de *nuptiis* loi 1. D. *de ritu nupt.*
(5) L. 22, § 7. *Soluto matrim.*

les (1). Le mari qui aurait violé ce devoir, aurait pu voir sa femme le repousser par un divorce, en retenant avec sa dot sa donation anténuptiale.

De son côté, le mari devait protection à sa femme, c'est-à-dire qu'il aurait dû exercer l'action d'injure dans le cas où on lui aurait fait une offense : *quia defendi uxores a viris æquum est* (2). Mais, pour que cette protection s'exerçât avec efficacité, la femme devait obéir à son mari, le suivre partout où il lui plaisait de résider, à moins qu'il ne se fût rendu coupable d'un crime (3) *propinquos, notos, familia-res procul a calumniâ quos reos sceleris societas non facit.* Elle lui devait aussi certain honneur et respect *recepta reverentia quæ maritis exhibenda est*, dont il ne pouvait se départir (4) ; c'est la disposition de notre article 1388, défendant pour les conventions matrimoniales, de déroger aux droits résultant de la puissance maritale sur la personne de la femme. En outre, par suite du bénéfice de compétence, le mari pouvait n'être condamné que *in id quod facere poterat* (5). Si cependant, se demande Pomponius, on avait convenu que le mari serait tenu vis-à-vis de sa femme *in solidum*, la convention serait nulle. Ulpien apporte alors le poids de son autorité: *quod et mihii quidem*, ajoute-t-il sur la solution de Pomponius, *videtur verum : namque contra bonos mores id pactum esse melius dicere.* Néanmoins le mari n'avait pas le droit de punir sa femme (6).

Une autre preuve du respect que la femme avait pour son mari, c'était l'obligation où elle était de prendre le deuil à

(1) Nov. 117. Cap 8, § 2. — Cap. 9, § 5.
(2) Loi 2. *de Injuriis.*
(3) Loi 22 *de Pœnis* C. 24, *de Donat inter vir et uxorem.*
(4) Loi 8, § 2. C. *de repudiis.*
(5) Loi 14, § 1. *Soluto matrim.* 8, § 2. C. *de repudiis.*
(6) Loi 35, *de negotiis gestis* Lois 12, 13, 14. *Soluto matrim.*

sa mort, à moins qu'il ne fût dans un des cas de réprobation prévus par la loi (1).

Le mari comme protecteur de sa femme avait encore le droit d'ester en justice pour elle. Il y a du reste un texte qui prouve que les femmes étaient éloignées de toute espèce de débat judiciaire. *Sancimus mulieres, suæ pudicitæ memores ab omni judiciali agmine separari* (2). Le droit du mari d'ester en justice comme procureur fondé de sa femme se trouve consacré de la manière la plus explicite dans la loi 21, Code *de Procuratoribus : Maritus citra mandatum in rebus uxoris intercedendi liberam habet facultatem ; ne feminæ persequendæ litis obtentu in contumeliam matronalis pudoris irreverenter irruant et conventibus virorum vel judiciis interesse cogantur* (3).

§ II. *Puissance Maritale sur les Biens.*

Nous n'aurions rien dû dire de la puissance maritale sur les biens, si Justinien n'eût pas ordonné à peine de nullité la confection d'un *instrumentum dotale* pour une certaine classe de citoyens. Mais, comme le mari a des droits sur la dot et que ces droits sur la dot se rattachent à la puissance maritale, nous croyons utile d'entrer dans quelques détails. D'ailleurs, il n'y avait pas à proprement parler de puissance maritale sur les biens, puisque les biens de la femme étaient indépendants. C'est même cette différence de position qui a suggéré la réflexion suivante, consignée au Code dans une constitution des empereurs Théodose et Valentinien : *quamvis bonum erat mulierem quæ se ipsam marito commisit,*

(1) Lois 10 et 11, *de his qui notantur infamiâ.*
(2) Loi *ultimâ.* Code de recept. arbitris.
(3) Loi 18, 21. Code Liv. 2. Tit. 13.

res etiam ejusdem pari arbitrio gubernari (1). On avait
compris que la puissance maritale sur la personne impliquait
une certaine puissance sur les biens. Mais on n'avait fait
aucune réforme. On avait, du reste, un régime d'une équité
reconnue et qui devait faire de rapides progrès ; seulement
sa création était trop rapprochée de la *manus*.

Il était inévitable, en raison de la grande habitude de
donner un pouvoir absolu au mari, qu'on voulût faire de ce dernier autre chose qu'un simple administrateur. Les effets de la
conventio in manum mariti étaient trop présents aux
esprits pour qu'il en fût autrement. Le mari était donc re-
gardé comme propriétaire en quelque sorte de la dot et pouvait
en disposer à son gré (2). Plus tard, le grand nombre des
divorces contraignit de modifier le principe. En effet, le mari
n'eût pas manqué d'user de cette excessive liberté qui lui
était donnée de s'enrichir en contractant et brisant successivement des mariages intéressés. On en arriva donc à stipuler
que la dot serait restituée au cas de divorce ; puis la jurisprudence considéra cette convention comme sous-entendue
et y donna effet par l'action *rei uxoriæ*. Peu après, le principe
de la restitution fut étendu au prédécès du mari, et enfin à
celui de la femme sous certaines conditions. Ce dernier progrès ne se réalisa cependant d'une manière définitive qu'à
l'époque de Justinien (3). Jusque-là le mari survivant con-
servait la dot, à moins qu'elle n'eût été constituée à la femme
par son père *dos profectitia* ou par un tiers ayant stipulé
le retour *dos receptitia* (4).

Cette obligation de restituer la dot dut nécessairement
modifier le caractère des droits du mari sur les biens dont

---

(1) Loi 8. Code *de pactis conventis.*
(2) Gaius, Com. 2, § 63.
(3) Loi 5, Tit. 13, liv. 4, Code.
(4) Ulp., frag. Tit. 6, § 5 et 6.

elle se composait. La dot était-elle estimée, le mari était
tenu de la restitution de la somme à la dissolution du mariage. Sa position était celle d'un acheteur devenu propriétaire, puisque comme lui il pouvait exercer l'action en garantie
ex empto. Dans le cas où il n'y avait pas eu estimation on
aurait pu croire que la propriété des biens dotaux avait toujours été au mari. Certains textes pourraient, d'ailleurs, le
faire supposer. Cependant, il manquerait beaucoup de conditions à ce droit de propriété, pour qu'il fût plein et entier.
Conçoit-on un propriétaire incapable d'aliéner la chose sur
laquelle il a son droit de propriété, obligé de la rendre et de
répondre des fautes qu'il pourra commettre dans l'administration. On n'a du reste aucun motif sérieux de croire qu'à
l'époque de l'institution du régime dotal, où les idées de
justice étaient parfaitement développées au profit de la femme
et où on lui reconnaissait une personnalité, le mari ait toujours été considéré comme propriétaire des biens dotaux.
Certains textes établissent, d'ailleurs, le contraire, d'une
manière incontestable. Ainsi la loi 3 § 5. D. de *Minoribus
viginti quinque annis. Dos ipsius filiæ proprium patri-
monium est* (1). Et cette autre disposition: si *Thesaurus
fuerit inventus in fructum non computabitur, sed pars
ejus dimidia restituetur quasi in alieno inventa* (2). C'est
encore la loi 75 au Digeste, de *jure Dotium quamvis in
bonis mariti dos sit mulieris tamen est* (3). Si le mar[i]
peut exercer toutes les actions, la femme peut également en
exercer plusieurs, et le même texte supposant que le mari a
été évincé du fonds dotal, n'hésite pas à reconnaître à la
femme le droit d'intenter l'action en garantie *statim eam ex
stipulatu agere posse.* Il y a plus, elle ne perd pas même la

(1) L. 3 § 5, *de Minoribus viginti quinque annis.*
(2) L. 7 § 12, *soluto mat.*
(3) L. 75 D. *de jure Dotium.*

possession *si fundus in dotem datus sit tam uxor quam maritus propter possessionem ejus fundi possessores intelliguntur* (1).

L'administration de la dot appartient au mari et celui-ci devra y apporter les mêmes soins qu'à l'administration de ses propres affaires (2). Il profite définitivement des fruits (3). Quant au droit de disposer, son étendue varie avec la nature des biens. Le mari a toujours eu le droit d'aliéner la dot mobilière, et la femme n'avait d'autre garantie que la faculté de demander, pendant le mariage, la restitution de sa dot, dès que celle-ci pouvait être compromise par le dérangement des affaires du mari (4). Dans le principe il en était de même pour le fonds dotal ; les droits de la femme n'étaient garantis que par un recours contre le mari, à l'époque où devait s'effectuer la restitution.

Souvent cette protection ne produisait pas d'effet. Aussi la loi Julia (*de fundo dotali*) tout en reconnaissant le mari comme propriétaire *quamvis ipsius dos sit, dotis causa ei datum* (5), voulut-elle pour valider l'aliénation, le consentement de la femme. D'ailleurs, il faut le reconnaître, en restreignant ainsi les droits du mari on avait moins pour but l'intérêt de la femme qu'un motif d'intérêt général. La pensée de la loi était d'arrêter la dépopulation produite par le discrédit dans lequel était tombé le mariage ; et la dot n'était protégée que pour permettre à la femme veuve ou divorcée de contracter une nouvelle union. *Interest reipublicæ mulieres dotes salvas habere, propter*

---

(1) Loi 15, § 3. Liv. 2. Tit. 8.
(2) Loi 17, 23. 3.
(3) Loi 7, id.
(4) Loi 24, *soluto matrimonio* au Digeste. Loi 29. Code *de jure dotium*.
(5) Inst. Liv. 2. Tit. 8.

quas nubere possint (1). Suivant les Institutes, cette même loi Julia prohibait, dans tous les cas, l'hypothèque que la femme aurait pu consentir peut-être avec trop de légèretě. Plus tard, Justinien étendit encore le principe, et, redoutant les effets de l'influence que pouvait exercer le mari, il appliqua à l'aliénation directe ce qui existait déjà pour l'hypothèque. On se demandait à l'époque de Gaius si la loi Julia frappait les fonds provinciaux aussi bien que les fonds italiques (2). Justinien trancha la difficulté en étendant formellement le principe à tous les immeubles.

Les diverses transformations qu'a subies le pouvoir du mari eurent, en partie pour cause des motifs d'intérêt public ; mais on ne saurait s'empêcher d'y voir surtout l'effet du progrès des idées. A mesure qu'on s'éloigne de l'époque où, sous le rigorisme du droit ancien, *iniquitates juris*, l'importance du chef de famille absorbe à son profit la personnalité de la femme, on tend de plus en plus à reconnaitre la dot comme un bien confié temporairement au mari plutôt qu'aliéné en sa faveur. La propriété de celui-ci, toute de droit strict, perd peu à peu de sa force devant la propriété de la femme, qui est toute d'équité ; et nous arrivons ainsi par un travail d'idées, que nous révèlent ces diverses transformations, au résultat exprimé enfin par Justinien: que le domaine du mari sur la dot n'est qu'une subtilité juridique et qu'en réalité, la femme conserve sur les biens qui la composent son droit de propriété (3)

En ce qui touche les conventions matrimoniales les principes qui les régissaient différaient assez peu de ceux qui régissent notre contrat de mariage actuel. Ainsi ces conventions devaient n'être pas contraires aux bonnes mœurs et ne

(1) Loi 2. D. *de jure dotium.*
(2) Gaius, II. 63.
(3) Loi 30. *Code de jure dotium.*

porter atteinte ni à la puissance maritale sur la personne, c'est-à-dire à la considération du mari *contra receptam reverentiam quœ maritis exhibenda est*, ni à la puissance maritale sur les biens dont nous avons défini le caractère et limité l'étendue.

Quant aux autres dispositions prohibitives, elles consistaient en ce qu'il ne fallait rien inférer qui fût contraire au but du mariage, à la destination de la dot ou à la restriction et à l'extension des droits de l'un des époux sur la dot et la donation anténuptiale (1). Les époux ne nous semblent pas avoir pu déroger aux droits résultant de la puissance paternelle à la dissolution du mariage, ni à l'ordre légal des successions. Toutefois on permettrait certaines conventions pouvant produire des effets presque analogues à la dissolution du mariage, comme, par exemple, celle par laquelle le mari pouvait garder la dot au décès de sa femme (2), même après que Justinien eut attribué la dot en ce cas aux héritiers de celle-ci : « *Si convenit ut in matrimonio uxor defuncta dos penes maritum remaneret, pacto posse fieri auctoritate juris sœpissime est constitutum* (3) ».

Mais nous devons nous contenter d'indiquer les droits nécessaires du mari quand il y avait eu constitution de dot. Ainsi, un des principaux droits du mari est que la dot ne soit pas stérile entre ses mains (4).

Mais que penser d'une convention qui retirerait au mari les fruits de la dot pour les faire rendre à la femme à la dissolution du mariage. Assurément le droit du mari ne doit pas être sans effet ; mais pour faire produire des effets à une pareille stipulation, il faut que l'intérêt même des fruits soit

(1) Loi 5 pr. § 1 et 2. *de pact. dot.*
(2) L. 13 pr. 26, § 2, *id.*
(3) L. 6. *C. de pactis conv.* 12. *D. de pact. dot.*
(4) L. 7 pr. et 10, § 3, *de jure dotium.*

assez considérable pour empêcher cette stérilité. Elle en produirait encore si le mari n'avait aucune charge, et si la femme avait promis d'entretenir elle et les siens, *et onera universa sua expediri, quare non dicas conventionem valere* (1).

Un autre droit invariable du mari était le droit aux dépenses nécessaires pour la conservation de la dot : *nullæ pactiones ne dos ipso jure minueretur, sicuti cum convenerit ne ob impensas necessarias ageretur* (2). Un pacte par lequel il serait convenu qu'on n'agirait pas pour ces dépenses, serait nul ; car le mari n'aurait pu s'engager au delà de sa faute à répondre des hasards purement accidentels.

Nous avons à faire remarquer que tandis que, dans notre Code, le point de départ des prohibitions c'est la puissance maritale, le respect des droits du mari comme chef, l'intérêt de la dignité morale, en Droit romain on ne semble s'être occupé que du seul intérêt de la femme et de la conservation de sa dot avant tout. Du reste, les pactes que les époux ne peuvent faire et qui ont pour objet l'exigibilité de la dot ou la restitution indiquent clairement ce but. Voilà pourquoi on ne pouvait faire de pactes qui auraient pu rendre pire la condition de la femme ; soit quant à la dot : *ejusmodi conventio quominus actionem integræ dotis habeat proficere non potest* (3) ; soit quant au délai de restitution : *de die reddendæ dotis hoc juris est dum ne mulieris deterior conditio fiat* (4).

Pomponius nous dit encore que le mari ne peut convenir qu'il répondra seulement de son dol relativement à la dot, parce que l'intérêt de la femme s'y oppose, quoiqu'il puisse

(1) L. 4, *de pact. dot.*
(2) L. 7, § 2. *de pact. dot.*
(3) L. 1-3. C., *de pactis Conv.*
(4) L. 14. *De pactis dotalibus.*

convenir que la créance contre le débiteur qui lui a promis la dot ne sera pas à ses risques, car il est d'avis que le mari peut convenir que la dot sera aux risques de la femme ; et, en sens inverse, que la dot qui est aux risques de la femme sera aux risques du mari (1).

Ainsi on peut faire presque toutes conventions dans l'intérêt du mari et notamment stipuler que les fruits de la dot qui lui sont attribués par le droit commun, quoique non perçus, pourront être abandonnés à la femme pour la dernière année du mariage. *Si inter virum et uxorem convenit ut extremi anni matrimonii fructus nondum percepti mulieris lucro fiant, hujusmodi pactum valet* (2). De même, les enfants des esclaves dotaux n'appartenaient pas au mari, et le pacte par lequel le mari aurait stipulé la moitié du part des esclaves serait nul (3). Ce serait là diminuer la dot, et la femme ferait à son mari une libéralité interdite pendant le mariage.

Par la même raison, la convention, par laquelle le mari consentirait à ce qu'une chose dotale cessât de l'être pour devenir paraphernale, constituerait une donation du mari à la femme, ou une restitution anticipée de la dot également interdite.

Enfin, s'agit-il de prononcer sur une difficulté qui touche à un pacte dotal, c'est l'intérêt de la dot qu'il faut avoir en vue c'est de l'intérêt de la femme qu'il faut se préoccuper (4). *In ambiguis pro dotibus respondere melius est.* Et dans

------

(1) Loi 6 *de pactis dot.* On argumente de ce texte pour soutenir que la délégation faite par la femme pour sa dot est aux risques du mari ; car s'il était vrai qu'elle fût aux risques de la femme, on ne dirait pas ici qu'on peut convenir que la dot ne sera pas aux risques du mari et sera aux risques de la femme. Ce pacte serait superflu. *M. P. Dot.*

(2) L. *De pactis dot.*

(3) L. 49, § 9, *de jure dotium.*

(4) L. 70 id. — 85, *de regulis juris.*

le cas où la femme se constituera en dot ce que son futur époux, fils de famille, lui doit, si l'on ne sait de quelle dette elle a entendu parler, ou de la dette absolue du fils, ou de ce qu'elle pourrait exiger par l'action de *peculio* ou de *in rem verso* ; en cas de doute, il faut considérer la dette du fils comme plus élevée que celle du père : *præsumptionem ad filii debitum spectare verisimile est nisi evidentissime contrarium approbetur* (1).

Dans l'ancien Droit, le mari était mieux partagé ; outre la déduction d'un cinquième *in infinitum* pour chacun de ses enfants, au cas même de dot profectice, *quintis in singulos liberos in infinitum relictis penes virum* (2), le mari avait pour le cas de divorce et malgré le grand principe d'intérêt public : *reipublicæ interest mulieres dotes salvas habere*, cinq sources différentes de droit de rétention sur la dot : *propter liberos ; propter mores ; propter res donatas ; propter res amotas ; propter impensas.*

Ces rétentions, dont nous devons la connaissance au texte d'Ulpien, n'existaient plus du temps de Justinien, à l'exception de la rétention *propter impensas*. Tel est le motif pour lequel nous n'en parlerons pas. Cependant nous croyons utile de compléter ici ce que nous avons dit de la dernière. Nous n'avons parlé que des dépenses nécessaires ; mais Ulpien en reconnaît deux autres espèces, et son exemple a été suivi généralement : les dépenses utiles et les dépenses voluptuaires. *Necessaria sunt, quibus non factis dos deterior futura esset ; utiles, quibus non factis dos deterior non est, sed factis fructuosior ; voluptuosæ* (les dépenses voluptuaires) *sunt quibus neque omissis neque factis fructuosior res effecta est* (3).

<hr>

(1) L. 57, *De jure dotium*.
(2) Ulp., règ. VI, § 4.
(3) Ulp., règ. VI, § 15, 16, 17.

Quant aux dépenses nécessaires, nous avons vu qu'elles diminuaient la dot *ipso jure,* et que le mari pouvait en retenir le montant au moment de la restitution de la dot. Il avait même, après la restitution, une *condictio indebiti* comme ayant rendu plus qu'il ne devait (1).

Les dépenses utiles sont celles qui n'ont pas servi à conserver la chose dotale, mais à l'améliorer ; faute de ces dépenses, la chose n'eût pas péri ; mais, grâce à ces dépenses, elle vaut plus qu'auparavant. Si elles ont été faites par le mari, du consentement de la femme, il les retiendra. S'il les a faites sans son consentement, il ne pourra s'en faire tenir compte qu'autant que les circonstances n'en rendraient pas le remboursement trop onéreux à la femme (2).

Dans l'un et l'autre cas, la voie de la rétention était ouverte. Seulement, s'il avait négligé de la faire du temps des jurisconsultes classiques, on hésitait à lui donner une action *mandati* ou *negotiorum gestorum.* Justinien, plus tard, lui accorda ces deux actions (3).

Les dépenses voluptuaires ne servant ni à l'amélioration, ni à la conservation, mais au simple agrément, ne donnaient lieu, malgré le consentement de la femme, à aucune rétention ni action. *In voluptuariis autem Aristo scribit an si voluntate mulieris factæ sunt exactionem parere* (4). Le mari, cependant, pouvait enlever ce qui pouvait l'être sans détérioration, car si les fonds avaient été destinés à être vendus, il se faisait rembourser comme ayant fait la chose *fructuosior;* mais nous tombons alors dans les dépenses utiles.

L'idée de la dot suppose des biens apportés au mari pour

(1) Opinion admise, nous dit M. Pellat, avec une certaine difficulté. Page 38.

(2) Id. M. Pellat, page 38.

(3) L. 1, § 5, Code *de rei uxoriæ actione.*

(4) L. 9, id.

soutenir les charges du mariage. C'est là l'état normal. Mais si un mariage ne donne pas de charges au mari ; si la femme a été absente ou s'est chargée de toutes les dépenses : *Si pacta est ut suosque aleret luereturve et omnia onera expediret.* A cette condition, l'essence ou plutôt la nature de la dot peut être complétement changée. Alors les fruits au lieu de devenir la propriété libre du mari, iront grossir la dot à restituer (1).

Les biens de la femme, qui n'étaient pas compris dans la dot, portaient le nom de paraphernaux et échappaient complétement à l'action du mari. Nous retrouvons pour eux toutes les conséquences qu'on admettait autrefois pour le mariage libre. La femme pouvait en disposer, selon son bon plaisir, sans que l'intervention du mari fût nécessaire. Elle contractait librement, soit avec ce dernier soit avec des étrangers (2). C'était là une liberté trop grande, c'était une indépendance trop complète, et il ne serait pas surprenant que la corruption des mœurs, dont la société romaine offrait le triste spectacle à cette époque, d'après le récit des historiens, en eût été la suite. Il n'était pas rare, d'ailleurs, de voir des Romains faire le sacrifice de leur autorité maritale moyennant une riche dot (3) qui leur permettait de satisfaire leurs brigues ambitieuses et leurs caprices voluptueux. Souvent les femmes en donnant des dots, savaient retenir, à titre de paraphernaux, de fortes sommes qu'elles prêtaient à leurs maris pour les tenir sous leur dépendance par la menace de les poursuivre au moindre mot de désapprobation. Ainsi cette autorité du mari, basée sur une cause morale et sur des motifs d'intérêt social, dont le but était de protéger la pureté du foyer domestique et de sauvegarder la prospérité maté-

---

(1) L. 4, Dig., *de pact. dotal.*
(2) F. V , 293, 302.
(3) *Argentum accepi, dote imperium vendidi.* Plaute.

rielle, avait fait place à une honteuse dépendance; c'est là ce
qui a fait dire à Horace que sous le régime dotal la femme
gouvernait son mari. La même pensée est reproduite dans
l'*Aulularia* de Plaute (1).

> Hæc sunt atque alia in magnis dotibus
> Incommoditates, sumptusque intolerabiles,
> Namque indotata est, ea est in potestate viri
> Dotatæ mactant et malo et damno viros.

Ainsi, autant l'autorité maritale avait été exagérée dans le
principe, autant elle se trouvait méconnue à cette époque.
En vain le législateur essayait de mettre un frein à tous les
maux, les lois ne pouvaient rien contre les fléaux qui enva-
hissaient la société déjà déchirée par la guerre civile. On
aurait pu désespérer d'un peuple dans une pareille situation
si, à côté de ces éléments de décadence et de désorganisa-
tion, il ne s'était trouvé un principe de régénération. Le
christianisme avait paru, et ses divins enseignements se
répandant chaque jour de plus en plus, inauguraient une ère
nouvelle. Il fit ce que les institutions auraient été impuis-
santes à réaliser : il réédifia l'ordre social sur d'autres bases
en réorganisant la famille. La femme, relevée de sa
dégradation morale, devint la compagne de l'homme, et
put espérer l'aider de ses ressources personnelles à supporter le fardeau de la vie.

Telle fut la transformation que l'on dut aux idées nouvelles ; si le christianisme ne l'a pas accomplie à lui seul, il l'a
du moins préparée ; et, par là, lors de l'invasion des peuples
du Nord, il a permis à la fusion de l'élément ancien et de
l'élément nouveau de s'opérer pour former la société moderne.

---

(1) Plaute, *Aulularia*, act. 4, scène V.

DEUXIÈME PARTIE

ANCIEN DROIT FRANÇAIS

Si, en général, on ne peut se rendre un compte exact d'une législation sans connaitre les mœurs, les usages, l'état de civilisation du peuple chez lequel elle a pris naissance, il est peu de matières où ces connaissances aient autant d'intérêt qu'en ce qui concerne l'état des personnes. Sans doute les contrats peuvent avoir reçu, suivant les époques et les coutumes, une réglementation plus ou moins compliquée ; leur essence peut avoir été plus ou moins bien comprise, leur nature plus ou moins profondément pénétrée ; mais, par la force des choses, il y a toujours dans chacun d'eux un principe fondamental qui se retrouve dans toutes les civilisations.

Qu'on passe de la subtilité romaine à la rudesse des peuples sauvages, la vente, le louage, le prêt seront toujours les mêmes contrats, auront le même objet, le même but et les mêmes règles essentielles. Au contraire, si nous passons du droit des contrats au droit des personnes, nous voyons des différences profondes marquer les diverses civilisations sur lesquelles porte notre examen. Assurément, le mariage est partout l'union de l'homme et de la femme, mais l'autorité du mari, la position de la femme, celle des enfants subissent des variations sans nombre.

On ne pourrait donc pas, en ces matières, apprécier sainement la loi écrite, la législation promulguée, si l'on ne commençait point par étudier avec beaucoup de soin l'état moral et social du peuple qu'elles concernent. C'est pourquoi, pour saisir l'esprit de l'incapacité de la femme, dont elle ne peut être relevée que par l'autorisation de son mari, et en déduire sûrement les conséquences pratiques, nous examinerons d'abord comment ce pouvoir, essentiellement protecteur, a pris naissance dans les forêts de la Germanie, sous l'influence de deux idées intimement liées aux coutumes germaines : la protection des forts pour les faibles et le principe d'unité et de solidarité d'intérêts entre les membres d'une même famille ; comment il s'est développé pendant la période féodale, et comment enfin il a pris place dans nos lois, grâce aux efforts réunis des jurisconsultes de l'époque coutumière et des philosophes du siècle passé.

A cette condition, tout deviendra clair pour nous, car nous saurons que le mari français n'est point le propriétaire, mais le guide de sa femme ; que celle-ci a des biens, qu'elle a une existence sociale, une personnalité, des droits civils que la loi reconnaît et protége. Autrement, nous ne pourrions comprendre par quel travail le despotisme marital, que nous trouvons presque toujours au premier âge des peuples, est devenu une belle et salutaire institution, dont les effets sont de mettre la femme en garde contre sa propre faiblesse et de lui donner son mari pour conseil et non pour maitre.

Si la législation française a mis plus de mille ans pour

parvenir à l'unité, c'est que les éléments qui formaient la population de notre pays étaient loin d'être homogènes. Les Germains, les Burgondes les Wisigoths, les Francs, les Romains, frères inconnus les uns des autres, et qui ne se souvenaient plus de leur origine commune, étaient venus, par des routes opposées, se heurter sur le sol de la Gaule. Ce n'étaient pas seulement les armes qui se choquaient, c'étaient les langues, les mœurs, les instincts ; et cette lutte avait pour champ de bataille un pays déjà avancé en civilisation. Ses institutions, empreintes d'un caractère sacerdotal et religieux, avaient jeté de fortes racines et ne pouvaient être ébranlées que par la main du temps.

Tous ces éléments, mis en présence et mêlés chaque jour par des luttes continuelles, devaient avoir l'un sur l'autre une influence considérable, et, pour qu'ils arrivassent à ne former qu'un peuple et à n'avoir qu'une loi, il fallait un travail de plusieurs siècles, qui applanît les différences des coutumes par leur mélange, par leur rapprochement et non par le triomphe des unes et l'oubli des autres. C'est en effet ce qui a eu lieu : il s'est formé de tous les peuples qui ont successivement concouru à composer la nation française, qui ont mêlé leur sang à celui de la souche primitive, un ensemble que, par comparaison, on peut appeler homogène.

Les lois, longtemps personnelles et variant avec l'origine, subirent peu à peu la même transformation. D'abord nationales après l'invasion, elles devinrent féodales avec l'organisation du système politique du moyen âge. De même que les monnaies seigneuriales, qui souvent n'avaient pas cours dans un espace de plus de dix lieues carrées, les lois changèrent avec chaque fief, avec chaque sirerie. Peu à peu, l'ambition des rois, secondée par les aspirations populaires, parvint à fondre ensemble tous ces matériaux divers, et réussit, par un long travail, à créer avec l'unité monarchique, l'unité de coutume, l'unité de monnaie, l'unité de langue, en un mot, l'unité de nationalité.

Si nous envisageons cette transformation, ce sera moins à titre de document historique, que comme préliminaire indispensable à l'étude juridique de l'autorité maritale. Nous allons donc retracer sommairement l'organisation de la famille chez chacun de ces peuples qui ont fourni à la nation française son sang et son esprit.

§ Ier. *Des Gaulois.*

L'élément asiatique a été l'élément primitif de la famille celte, dans les Gaules ; mais il a été bientôt effacé par l'élément germanique et le régime féodal.

Chez ce peuple comme chez les Germains, lors de leur avénement sur la scène du monde, on rencontre le principe monogame du mariage ; mais la pluralité des femmes était en usage parmi les grands de la nation. D'ailleurs, Jules César, qui a vécu au milieu d'eux, et qui, pour cela, doit être notre guide le plus sûr, le dit dans ses Commentaires.

« Les hommes, dit-il, ont sur leurs femmes et sur leurs enfants le droit de vie et de mort, et, quand un chef d'une famille illustre meurt, ses parents s'assemblent, et s'il y a des doutes sur les causes de sa mort, on donne la question aux femmes comme aux esclaves » (1).

Il résulte du mot *uxores* que le père de famille d'une naissance illustre, avait plusieurs épouses. Ce mot, employé au pluriel, à côté du singulier *paterfamilias*, est un argument très important pour démontrer la pluralité des femmes chez les Gaulois. Mais le sens que nous donnons au passage de l'historien romain est corroboré par la situation

____

(1) César, *De Bello Gallico*, VI, 19.

subalterne de la Gaule, par le fait que les tribus celtiques de
la Grande-Bretagne vivaient en complet état de polygamie,
lors de l'invasion romaine, et par la progression naturellement lente de la civilisation du genre humain, qui fait
que, longtemps après l'introduction du principe monogame,
la pluralité des femmes se conserve comme un privilége
parmi les classes élevées.

La position très inférieure, que la femme occupait dans la
famille Gauloise ressort du même passage des Commentaires,
puisque César y affirme qu'elle était jugée et condamnée
par les parents du mari, et qu'on la soumettait à la torture
comme un esclave.

On s'est également demandé si l'union conjugale était
indissoluble chez les Gaulois, parce que César, parlant du
régime des biens entre époux, ne s'occupe que de la dissolution par le prédécès de l'un des conjoints. Sur ce point,
nous n'hésitons pas à penser que la position inférieure de la
femme, la grande puissance du mari et l'état général des
mœurs gauloises ne permettent pas de douter, un seul
instant, que le mari n'ait eu, comme chez toutes les races
primitives, le privilége de répudier sa femme. Aussi, dans
les lois du pays de Galles, retrouvons-nous, après dix
siècles, la faculté de divorcer laissée au mari (1).

Toutefois, dans quelques tribus du moins, les femmes
jouissaient d'une certaine considération. Ainsi, chez les
Ligures, « la femme était pour son mari une compagne, sui-
» vant toute l'acception du mot, tandis que la femme gauloise,
» livrée aux caprices du despotisme le plus illimité, pouvait
» envier la destinée de ses esclaves » (2).

De même, « elles durent à quelques circonstances d'être

____

(1) Laferrière, Hist. du Droit.
(2) Hist. des Gaulois, Am. Thierry, tome II, p. 18.

» investies d'une autorité politique supérieure à celle des
» hommes, autorité d'ailleurs toute pacifique, toute conser-
» vatrice et qui convenait parfaitement à leur rôle. De vives
» et interminables querelles s'étaient jadis élevées chez ce
» peuple, racontent les historiens, et l'amenèrent à la guerre
» civile. Déjà les deux partis avaient couru aux armes ; déjà
» ils se mesuraient des yeux sur les champs de bataille,
» lorsque les femmes, se précipitant entre eux, voulurent
» connaitre le sujet de la discorde. Elles le discutèrent et le
» jugèrent avec tant d'équité et de raison, qu'une admirable
» amitié de tous avec tous régna dès lors, non-seulement
» dans chaque cité, mais dans chaque famille. De là, naquit
» l'usage d'appeler les femmes aux délibérations sur la paix
» et sur la guerre , et de leur soumettre les différends
» survenus avec les alliés. On se souvient qu'Annibal
» n'a eu qu'à se féliciter des arrêts de ce singulier tri-
» bunal » (1).

§ II. *Des Germains.*

Chez les Germains primitifs, comme partout dans l'enfance des peuples, le mariage a été une acquisition de la
femme par l'homme (2). Mais lors de leur contact avec l'empire romain, nous avons à constater un pas de plus vers
l'émancipation de la femme. Ainsi, son consentement pour
le mariage devint également une nécessité comme celui des
parents. De plus, la loi salique prescrivait la présence des

(1) Plutarque, *De virtute mulierum.* Amyot, 1. 76. Am. Thierry,
tome II, page 19.
(2) Kœnigswarter, Org. de la famille, page 122.

parents aux fiançailles et reconnaissait les fiançailles comme un contrat obligatoire (1).

Chez ce peuple, la personne du chef de famille n'absorbe pas les individualités comme en Orient et à Rome ; il n'est investi du pouvoir domestique que pour mieux défendre les personnes et les intérêts confiés à sa garde. Ce n'est plus un despote qui dit : « L'Etat, c'est moi, c'est une autorité tutélaire, c'est un premier magistrat et non un maitre absolu (2). » Quant au mariage, il était basé sur le principe monogame. Seulement la polygamie existait sous le toit de quelque chef illustre dont on ambitionnait l'alliance (3).

Pour qu'un mariage fût régulier, il fallait qu'il fût conclu entre personnes de même condition. C'était là une loi politique qui avait plusieurs sanctions et notamment celle-ci : que le fils d'un serf et d'une femme libre était serf, et dont le but était de perpétuer les inégalités de caste, de rang, de condition, de naissance, de nationalité et de religion.

Dans le mariage germanique, la femme se trouvait sous le *mundium,* c'est-à-dire sous la garde de son mari, comme avant le mariage elle s'était trouvée sous celle de son père ou de ses parents. En cela, la femme germaine ressemblait à la femme romaine, car elle était toujours sous la garde de quelqu'un. Seulement l'autorité maritale dans le mariage germain s'exerçait dans l'intérêt de la femme, tandis qu'en

----

(1) Loi sal., 14, §§ 8, 9. L. Bajuv., 7, § 15 ; L. Allem. 53. Loi Wisigoth., 3, 1, §§ 2, 3.

Chez les Germains le contrat de fiançailles avait d'autant plus d'importance, que l'infériorité de la femme était plus marquée. Dans ce contrat, le consentement des parents était une condition essentielle.

Le Gragas, code d'Islande reconnaissait également le contrat de fiançailles, et prononçait la résiliation, si, dans le temps convenu, le mariage n'avait pas lieu.

(2) Kœnigswarter, page 119.

(3) Tacit., Germ. 18.

Droit romain elle s'exerçait dans l'intérêt du chef de la famille.

Le mari *mundualdus* devait protection à la personne et aux biens de sa femme. Il devait la venger, recevoir la composition pour les délits commis sur elle. Administrateur des biens conjugaux, pendant le mariage, les tiers ne pouvaient traiter avec sa femme sans son consentement.

Parmi les biens dont le mari avait l'administration, il y avait d'abord la dot (1) (*meta, wittemon, pretium nuptiale*). Ce prix d'achat payé dans l'origine aux parents de la mariée, revint ensuite en partie ou en totalité à la femme, à mesure que son individualité grandit, et, plus tard, contribua à former le douaire. Cette dot était un bien personnel de la femme. Certaines lois germaniques en déterminaient le montant, à défaut de conventions particulières. La loi ripuaire la fixait à cinquante sous d'or, celle des Allemands à quarante, celles des Burgondes et des Bavarois n'établissaient point ce chiffre, mais certains textes nous apprennent que la coutume avait établi la valeur des dots selon le rang et la condition des parties (2).

Pendant le mariage, le mari, en vertu de son autorité maritale *mundium,* administrait la dot ; après sa mort, elle revenait à la veuve et aux enfants issus du mariage. Le prédécès de la femme, sans enfants, annulait la dot, et la famille de la femme ne pouvait rien exiger, car c'était uniquement en faveur de la femme que la dot était constituée. C'est pourquoi toutes les lois germaniques n'en parlent que dans le cas de prédécès du mari. Dans le cas où le mariage était dissous par la mort du mari, la veuve avait l'usufruit de la dot et la nue-propriété appartenait aux enfants. Si la veuve

(1) *Meta* chez les Lombards, *pretium emptionis* chez les Saxons du continent, *ceap sceat gift* chez ceux de l'Angleterre.

(2) L. Bajuv., tit. 7, § 14. L. Burg., tit. 12, *et additam,* 1, tit. 14.

venait à mourir sans enfants, les lois de la race germanique consacraient des dispositions différentes (1).

En outre de la dot, la veuve reprenait dans la masse les biens composant son don du matin *morgen-gab*. Cette donation, en usage chez les Orientaux, chez la race scandinave et chez tous les peuples germaniques, était faite par le mari le lendemain de la nuit nuptiale. Sa signification primitive était *pretium virginitatis*.

En troisième lieu, la veuve reprenait, à la dissolution du mariage, les biens qu'elle avait apportés de la maison paternelle, ce que les Romains et nos lois modernes indiquent par dot. Mais les monuments germaniques, écrits en latin, n'ont jamais employé le mot *dos* dans ce sens. Les lois des Allemands et des Bavarois emploient des circonlocutions : *Quidquid illa de rebus parentum ibi adduxit, quidquid uxor de sede paternâ secum attulit* (2). Les Lombards et les Anglo-Saxons emploient des termes équivalents à biens paternels. Les premiers l'appellent *faderfium* et les seconds *fœderingfeon*. Les diplômes du moyen âge se servent du mot *maritagium*. Les coutumes de France disent *mariage avenant, mariage*.

Ces biens consistaient ordinairement en objets mobiliers, car les filles étaient fréquemment exclues de la propriété de la terre. En cas de mort de la femme, sans enfants, le mari survivant héritait de ses biens.

On trouve enfin dans quelques lois germaniques une autre reprise exercée par la veuve, et qui n'était ni la dot ni, le don du matin, ni l'apport patrimonial. Elle différait suivant que la femme restait seule ou avec des enfants. D'ailleurs, et c'est là un point très-important, cette reprise ne figure dans aucun texte de loi concurremment avec le don du matin, de manière

(1) L. Visig. III, 1, 5 ; Allem. 56, § 1 ; Bajuv., 14, 9 ; L. Rip., tit. 37.
(2) L. Bajuv., tit. 7, 14, § 12. Allem., 55, § 1.

qu'elle nous paraît avoir été la part légale attribuée à la veuve pour le cas où le mari ne lui avait point fait cette donation. Cette libéralité de l'époux, abandonnée d'abord à son arbitre, a été plus tard garantie aux femmes par certaines dispositions législatives, quand les rois commencèrent à favoriser l'émancipation civile de la femme (1).

De même que la dot germanique et le *don du matin* se sont transformés en domaine, de même les avantages nuptiaux, dont nous venons de parler, ont été l'origine de la communauté légale en France, dans les pays romano-germaniques. Nous disons l'origine, car une véritable communauté ne pouvait avoir lieu chez des peuples qui assignaient à la femme une position aussi secondaire dans la famille. D'autre part, ce qui s'opposait à une véritable communauté, chez les nations germaniques, c'est que les femmes n'y étaient pas tenues des dettes, et que, dans certains cas comme dans celui de secondes noces, elles étaient menacées de la perte de ces avantages nuptiaux ; néanmoins le principe était consigné dans les coutumes, et les rois Francs, suivant l'impulsion du clergé, élargirent et développèrent ce principe éminemment favorable à l'émancipation de la femme.

Le mariage, chez les nations germaines, se rompait avec une grande facilité de la part du mari. En effet, à une époque ou la femme était l'inférieure de l'homme et où ce dernier payait en beaux deniers comptants l'acquisition de cette autorité *munt*, il ne pouvait guère être question de répudiation que du côté du mari (2). Les Burgondes, les Bavarois, les Allemands le décidaient, ainsi ; mais les lois des Bavarois et des Allemands, qui avaient déjà subi certaines influences tendant à circonscrire cette faculté, imposaient au mari répudiant sa femme, outre la perte du *mundium*, le paie-

----

(1) *Barbarorum, leges antiquæ.* Tit. II, § 9, 476. Loi Rip., 37, § 2.
(2) Loi Burgonde, tit. 34, § 1.

paiement d'une forte amende aux parents (1), et la restitution de tout ce qui revenait légalement à la femme. Nous trouvons aussi, dans la loi des Burgondes, deux dispositions de source et d'époque différentes. L'une d'elles, essentiellement germanique, impose au mari qui répudie sa femme une amende de douze sols et la restitution du double prix du *mundium* (2). L'autre, tout empreinte des principes de l'Eglise, ne permet au mari de répudier sa femme que pour adultère, sortilége ou violation de sépulture. Hors ces trois cas, la répudiation est défendue, à moins que le mari ne veuille abandonner à la femme et aux enfants sa maison et sa fortune tout entière (3).

Quant au divorce par consentement mutuel, la loi des Allemands est la seule qui en parle (4). Les lois salique et ripuaire ne contiennent rien sur la séparation des époux ; mais l'Eglise, qui s'efforçait de faire admettre le principe de l'indissolubilité du mariage, repoussait le divorce de tout son pouvoir (5). Cependant il ne disparut complétement qu'au xiie siècle, quand les lois de l'Eglise devinrent la règle unique pour les questions de mariage dans la chrétienté. Jusque-là, nous voyons les hommes les plus illustres, les rois eux-mêmes, répudier leurs femmes sans motif.

(1) 40 sous, selon la loi des Allemands, *addit,* c. 30 ; 48, selon la loi des Bavarois, tit. 7. c. 14.

(2) Loi Burg., tit. 34, § 2.

(3) id., 34, § 3 et 4.

(4) L. Allem. *addit.,* c. 29.

(5) Cette influence est visible dans la loi des Visigoths et dans les Capitulaires (Kœnigswarter).

Epoque féodale et coutumière.

..Que trouvons-nous dans notre droit coutumier relativement à la situation de la femme? Les dispositions qui le
composent sont les mêmes que celles dont nous avons déjà
fait l'étude. Le pouvoir du mari conserve toute sa rigueur,
mais l'émancipation de la femme fait toujours des progrès,
et le système germanique se développe sans cesse. Les
fiançailles, qui étaient aussi un contrat obligatoire en Droit
français à cette époque, ne sont plus protégées par une
clause pénale comme précédemment (1). Le *mundium* y
est conservé, seulement il prend le nom de *mainbournie.*

, « Cascun set, dit Beaumanoir, que compaignie se fait par
mariage, car si tost comme mariage est fes, li bien et de
l'un et de l'autre sont communs par le vertu du mariage,
mais voirs est que tant qu'ils vivent ensanlle, li hons est
maimburnissiere. » Par là se trouve consacré ce principe
que la femme est sous la dépendance de son mari, dont
l'autorité s'exerce tant sur la personne que sur les biens.

Ainsi, la femme est tenue de cohabiter avec son mari, et
si elle ne se conforme pas à cette injonction, elle sera privée
de son douaire (2). Aurait-elle été battue, que si son mari
manifestait le moindre repentir, elle devait réintégrer le domicile conjugal (3).

Le côté original de la puissance maritale au moyen âge,
et qui était une trace de l'élément barbare, c'était le droit

---

(1) Assises de Jérusalem, C. des Bourgeois, 144. Etablissements de
Saint-Louis, 1, § 124.

(2) Beaumanoir, 21. 2.

(3) Grand-Coutumier, 431.

du mari d'employer à l'égard de la femme une correction
modérée. Par plusors cas (1), dit encore Beaumanoir :
poent li home estre escusés des griès qu'ils font à lor femes,
ne ne s'en doit la justice entremettre car il loist bien à
l'homme batre sa feme, sans mort ni mehaing, quand ele le
meffet si comme quand ele est en voie de faire folie de son
cor ou quand ele dement son baron (2) ou maudist ou quand
ele ne veut obéir à ses resnables commandements que prode
feme doit faire én tel cas et en sanllables est-il bien mestiers
que li mari soit catierres de sa feme resnablement.

Un autre droit du mari (3), reconnu et protégé par la loi,
était celui de tuer sa femme adultère ainsi que son complice.
Nous trouvons même dans la Coutume de Berry les limites
dans lesquelles le fils pourra aider son père à punir le vio-
lateur du sanctuaire conjugal. Plus tard, les femmes obtien-
nent des priviléges pour n'être point battues. Ainsi, statuè-
rent les ducs de Bourgogne pour leur pays. Il y a des statuts
de Villefranche en Beaujolais rédigés dans le même sens (4).
Les droits, que le mari a sur les biens de sa femme, sont loin
d'être illimités. Il peut disposer, à son gré et sans contrôle,
des meubles et des fruits, car, dit Beaumanoir, tous les
meubles sont à l'homme, le mariage durant ; mais la plupart
des Coutumes lui interdisent l'aliénation des immeubles faisant partie du douaire. Certaines d'entre elles refusent ce
droit à la femme parce qu'elles considèrent que ces biens

(1) Coutume de Beauvaisis, 57.
(2) Le mari, au douzième siècle, prend le nom de Baron ou Bers. Ce mot
a la même racine que ver en celtique et vir en latin. D'ailleurs, le mot ver
signifie homme Ver-cingétorix. Le B et le V sont donc deux lettres corres-
pondantes. Le mot Baron, qui fait Bers au nominatif et Baron à tous les
autres cas, est encore employé en Angleterre, dans le langage juridique,
pour désiguer le mari. Les Anglais, comme on le sait, ont conservé dans
leur Droit les vieilles formules et les vieux mots français qu'ils avaient
apportés de Normandie lors de la conquête.
(3) Coutume de Beauvaisis, 57.
(4) Encyclopédie. V° Femme.

appartiennent aux enfants. Sur les autres immeubles de la femme, le mari n'a qu'un simple droit d'administration.

Le principe de l'autorité maritale était donc parfaitement respecté dans les actes de la femme. Ainsi, en principe, l'autorisation du mari était indispensable pour ester en justice et contracter ; mais il y avait déjà plus d'une exception. Les Etablissements de Saint-Louis (1), après avoir constaté que la femme ne peut plaider sans son mari devant les tribunaux laïques, ajoutent : « si ce n'est du fait de son corps, mais qui l'aurait battue on dit folie ou autre déloyauté. En cette matière elle a réponse sans son seigneur, ou si elle était marchande elle aurait bien réponse des choses qu'elle aurait baillées de sa marchandise, et autrement non. »

Quand le mari ne pouvait donner son autorisation, la femme plaidait ou contractait valablement. Beaumanoir (2) va même plus loin, car il valide les engagements de la femme dans tous les cas. Rien donc ne peut nous faire supposer qu'il ait fallu recourir à la justice.

La nullité résultant du défaut d'autorisation était, d'ailleurs, purement temporaire, et, après la mort du mari, la femme n'aurait pas eu le droit de l'invoquer ; car, dit encore Beaumanoir (3) : si tost comme ses barons est mors de revient en se pleine volonté et convient qu'elle reponde de son fes tout sois ce qu'elle ne fut pas tenue a reponde el tans de son baron.

Ainsi la protection des Germains pour la femme, malgré la dépendance sociale dans laquelle ils la tenaient à cause de sa faiblesse, a commencé son émancipation et c'est le christianisme qui l'a achevée. En effet, le christianisme avait opéré la substitution de la famille naturelle à la famille poli-

(1) Etablissements de Saint-Louis, 1, 44.
(2) Beaumanoir, 43. 27.
(3) Id., 43. 28.

tique dans l'ordre des successions, et il ne restait plus qu'à modifier les conditions de l'hérédité. C'était là le changement que l'esprit féodal devait accomplir pendant la période coutumière.

D'un caractère opposé à l'unité romaine, la féodalité fut le fractionnement en une multitude de petites sociétés incohérentes et isolées au sein desquelles apparaît seul le seigneur, muni du pouvoir législatif et judiciaire, et taillant à volonté ses vassaux, « enfermant ses manants, dit la formule, sous portes et gonds du ciel à la terre ; seigneur dans tout le ressort sur tête et cou, vent et prairie : tout est à lui, chemin, forêt, oiseau dans l'air, poisson dans l'eau, coche qui roule, onde qui coule (1). » L'esprit féodal, qui en fut la conséquence, vint de la propriété du sol chez les Germains où les terres appartenaient primitivement à l'Etat et étaient distribuées dans chaque famille aux individus libres et forts après l'avoir été à la famille elle-même. C'est là le motif pour lequel la propriété du sol avait un caractère politique et civil qu'elle a conservé durant tout le moyen âge.

D'ailleurs, une des principales conditions nécessaires à ces concessions de terrains était que le détenteur fût en état de faire le service militaire. Plus tard seulement, par suite de l'influence des mœurs germaines et de l'esprit chrétien, la succession, d'abord masculine, des alleux est peu à peu modifiée en faveur des femmes qui parvinrent à recevoir un héritage. D'un autre côté, comme les fiefs réunissaient le double caractère d'alleux et de bénéfices, et étaient à la fois patrimoniaux et politiques, les femmes qui étaient admises à la succession des alleux furent admises à la succession des fiefs. C'est ce qui nous explique pourquoi nous voyons des femmes exercer elles-mêmes tous les droits de suzeraineté

(1) Kœnigswarter, page 174. Org[ion] de la famille.

et siéger dans la cour des pairs (1). Antérieurement, ce droit leur était refusé, parce qu'elles ne pouvaient faire le service militaire et parce que certains jurisconsultes regardaient impertinemment les femmes comme incapables de cacher autre chose que ce qu'elles ignorent. Aussi s'il arrivait un fief à la femme, le droit féodal en mettait le service à la charge du mari. C'était le dernier avantage qu'il nous restait à mentionner (2).

Dernier état du Droit coutumier.

Le dernier état de notre Droit Coutumier nous présente, comme réalisés, la plupart des résultats auxquels, au point de vue de l'autorité maritale, notre législation s'est arrêtée. C'est pourquoi nous ne ferons qu'exposer les principes sans entrer dans aucun détail.

Femme mariée, dit la Coutume d'Orléans, art. 194, ne peut donner, aliéner, disposer, ni aucunement contracter entre vifs sans autorité et consentement de son mari. Tel était le principe admis et proclamé par toutes les Coutumes et dont la plupart des conséquences étaient adoptées (3).

(1) Mahaut, comtesse de Flandre, sous Louis X, le Hutin. Ducange et Brussel citent aussi l'exemple de Mathilde, comtesse d'Artois, qui assiste en qualité de pairesse au jugement prononcé en parlement et cour des pairs contre Robert, comte de Flandre. Brussel, usage des fiefs, I. 262. Laferrière, hist. du Dr. français, IV, 457.

Il fut admis à la fin de la période féodale que les terres ne tomberaient pas en quenouille, et l'ordonnance de Moulins de 1566, art. 3, porta le dernier coup à ces priviléges.

(2) Etablissements de saint Louis, 1, § 62.

(3) Cout. de Troyes, 80. 5. — Cout. de Chaumont, 66. 4. — Du Nivernais, 33. 1. Du Bourbonnais, 232, chap. 21.

Seulement l'application variait suivant le point de vue sous lequel on se plaçait pour en apprécier la nécessité. Suivant les unes, l'autorisation maritale était tout en faveur de la femme ; suivant les autres, elle n'avait en vue que l'intérêt du mari. Quelques-unes y voyaient une utilité pour les deux époux ; enfin une dernière opinion considérait la nécessité de l'autorisation comme basée sur des motifs de bienséance et d'ordre public.

La diversité d'opinions sur les causes du principe se reproduit aussi dans les effets. Plusieurs coutumes ne voyant d'autre intérêt à sauvegarder que celui du mari, réservaient exclusivement à ce dernier l'action en nullité. Elles admettaient par là la solution de Beaumanoir, qui permettait d'intenter librement contre la femme ou contre ses héritiers les actions résultant des contrats qu'elle aurait faits sans avoir été autorisée. (Coutume de Bayonne.)

Il y en a d'autres qui permettaient à la femme d'invoquer la nullité aussi bien qu'à ses héritiers. C'est ainsi que les Coutumes de Paris, de Sens et de Poitou déclarent les obligations de la femme non autorisée nulles, tant vis-à-vis d'elle que vis-à-vis de son mari. On s'est demandé si les tiers avaient le même droit ; Coquille (chap. 21, art. 1) le leur refusait. Le système contraire l'avait cependant emporté. On voyait surtout dans cette nullité une nullité absolue dont l'exercice était accordé à tous ceux qui y avaient intérêt. Par suite du même principe, on déclarait qu'elle ne pouvait être couverte par une confirmation.

Enfin comme plusieurs Coutumes n'exigeaient une autorisation que pour les actes entre vifs, quelques-unes en étendirent la nécessité aux actes de dernière disposition eux-mêmes. Et c'est ainsi qu'en Normandie et en Bretagne la femme ne pouvait tester sans l'autorisation de son mari. (1).

____

(1) Il en était ainsi d'après les Coutumes de Bourgogne, de Bar, du

Toutefois, chacune de ces Coutumes protégeaient la femme contre le mauvais vouloir de son mari ; et si le mari refusait son autorisation le juge pouvait y suppléer. Il en serait de même si le défaut d'autorisation provenait non pas du refus du mari, mais de l'impuissance où il pourrait se trouver, pour cause d'absence ou de démence, de manifester sa volonté. Il est utile de constater ici que la minorité n'était pas rangée parmi les causes d'incapacité.

Cette règle générale de la nécessité de l'autorisation souffrait exception : 1° en faveur de la femme séparée de biens pour les actes ou les procès qui se rattachaient à l'administration ; 2° en faveur de la marchande publique pour tous les contrats qui avaient seulement pour objet son négoce, et d'après certaines Coutumes, pour les procès qui en étaient la conséquence.

L'art. 224 de la Coutume de Paris voulait que l'autorisation fût expresse. Cependant, d'après les termes de cet article, on distingua entre les actes judiciaires et les actes extra-judiciaires. Pour les premiers, le texte n'exigeait que le consentement du mari, quel qu'eût été le mode de manifestation. Ainsi qu'il fût exprès ou tacite, le concours du mari suffisait pour habiliter la femme. Quant aux deuxièmes, l'autorisation devait être expresse. Le mot *autorisation* était même considéré comme un terme sacramentel, et il n'y avait que le mot *habiliter* qui, d'après Pothier (n° 68), pût être considéré comme en étant l'équivalent. Il avait d'ailleurs été décidé, à plusieurs reprises, qu'il n'était pas suffisant que le mari eût concouru à l'acte par sa présence, ou même qu'il y eût apposé sa signature. S'il n'était pas dit expressément qu'il avait autorisé sa femme, le contrat ne faisait naître aucun engagement. On était même rigoureux au point d'exiger cette

Nivernais, de Clermont-en-Argonne, du Bourbonnais, d'Arras, de Cambrai, et de Tournai, qui décidaient que pour tester, la femme devait être autorisée de son mari. Bretonnier, *Quest. de droit*, 1783, page 143.

autorisation formelle pour les actes passés entre mari et femme. Ricard et Lebrun s'élevaient avec raison contre cette solution ; mais leur système n'avait pas prévalu, et on admettait généralement qu'il y avait une exception au principe : *nemo potest esse auctor in rem suam* (1).

Cette solution rigoureuse avait d'ailleurs été rejetée par la majorité des pays qui ne ressortissaient pas au parlement de Paris. Aussi voyons-nous les parlements de Flandre et de Dijon déclarer suffisante une autorisation tacite. Un arrêt du parlement de Paris lui-même reconnait que tels sont les usages suivis en Artois, et Basnage (art. 556), commentant la Coutume de Normandie, embrasse la même opinion : « Comme le droit, dit-il, ne doit pas consister en subtilités et en pointilles, il suffit que le mari ait autorisé hautement sa femme ».

L'autorisation devait être spéciale. D'ailleurs, le système contraire, soutenu par quelques Coutumes, avait été presque universellement rejeté. On s'était pourtant demandé si la faveur qui s'attache au contrat de mariage ne permettait pas de valider une autorisation générale qui se trouverait contenue dans cet acte. Duplessis admet cette exception ; mais Lebrun combat son opinion, et nous ne connaissons que la Coutume de Berry qui admette en ce cas la validité d'une autorisation générale.

Ce n'est pas cependant que le principe ne souffrit des exceptions. Il ne s'appliquait pas en effet aux actes de simple administration ; et, d'autre part, la liberté accordée à la femme marchande publique était moins une dérogation à la nécessité de l'autorisation, qu'une exception à la règle qui en exigeait la spécialité.

Pendant la durée de la féodalité, prennent naissance et se développent l'institution du douaire et celle de la communauté. Toutes deux ont leur cause dans l'union intime des

____

(1) Coutumes de Bourges, 8. 1. Mehung-sur-Evre, 9, 1.

époux. La première, issue du *pretium nuptiale* et du *morgen-gab*, était un tempéramment utile à la puissance maritale, qui a de mieux en mieux trouvé sa place à mesure que se développa la seconde, dont l'origine a été l'objet de vives discussions. Nous la trouvons au moyen âge, au sein des bourgeoisies commerçantes qui commençaient à se développer. On la considère, à juste titre, comme le berceau de notre communauté légale.

Ainsi, la puissance maritale, que nous trouvons dans les pays coutumiers, est bien éloignée de l'ancienne *manus* romaine et même du *mundium* germanique. Loin d'absorber, comme la *manus* romaine, la personnalité de la femme, elle lui laisse des droits, et lui permet de conserver ses biens propres et son douaire. La femme, devenue une associée dans la maison conjugale, partage avec son mari les meubles et les acquêts, tandis que les lois barbares les plus favorables ne lui donnaient que le tiers. Enfin, la législation coutumière lui accorda des droits très étendus, tels que celui de renoncer à la communauté (1), celui de n'être tenue que jusqu'à concurrence de son émolument, celui d'exercer ses reprises avant celles du mari, et par là, la met à l'abri des excès de la puissance maritale. C'est là une preuve que la loi sut respecter les droits de la femme, tout en maintenant le principe de la puissance maritale, si nécessaire à la bonne administration de la société domestique. Ainsi, la législation coutumière résolut un problème dont le Droit romain n'avait pu trouver la solution, puisqu'il n'avait abandonné le régime si rigoureux de la *manus* que pour admettre le mariage libre, dont les écarts dangereux avaient beaucoup contribué à la décadence des mœurs romaines.

(1) Le régime de communauté était devenu, sauf de légères variations, la loi générale du nord de la France. Cout. de Paris, Meaux, Chartres, Orléans, Maine, Anjou, Poitou, Bretagne, etc.

Éléments du Droit écrit.

Bien que le système féodal s'étendit sur tout le territoire, la France se trouvait partagée en deux parties à peu près égales, et dont la Loire dessinait les limites par des lois différentes. Au Nord, l'influence germanique avait gardé la prépondérance, et l'organisation de la famille était restée jusqu'à un certain point ce qu'elle était sous les lois salique et burgonde ; mais dans le Midi, le Droit romain avait triomphé des usages barbares, et adopté presque entièrement par les Wisigoths, il obtenait de jour en jour plus d'autorité. Voilà pourquoi on disait : « de coutume, la femme est en puissance de son mari, autrement, est de droit écrit. » Toutefois, cette indépendance complète de la femme ne s'étendait qu'aux biens paraphernaux.

C'était là une liberté dangereuse à laquelle certaines considérations d'ordre public firent admettre une restriction. Aussi, par l'art. 6 de l'ordonnance de 1731, il fut défendu à toute femme mariée de recevoir une donation sans y être autorisée par son mari ou par justice. Le texte était formel et général, et malgré les efforts du jurisconsulte Furgole, il fut appliqué dans toute sa rigueur. Plus tard, par suite de l'introduction dans le Midi, de certaines coutumes féodales et coutumières, nous voyons dans la coutume de Bayonne (1), que le mari étant bail de sa femme, celle-ci ne pouvait valablement agir, ni ester en justice sans son autorisation, sauf pour ses paraphernaux. Ce fut aussi la solution qui fut admise par le Parlement de Paris, dans un arrêt de février.

(1) Cout. de Bayonne.

1709 (1). D'ailleurs, dans tous les pays de Droit écrit de son ressort, tels que le Lyonnais, le Forez, le Beaujolais, le Mâconnais, la femme, en conséquence des édits d'août 1606 et de la déclaration d'avril 1664, pouvait s'obliger, soit pour elle-même, soit pour son mari ou pour d'autres personnes, même sur ses biens dotaux ou paraphernaux ; mais elle ne le pouvait sans le consentement et l'autorisation expresse de son mari (2).

Ces progrès semblaient tout naturels et devaient tous les jours prendre de l'extension. C'est le propre des principes basés sur un véritable intérêt social, d'écarter les obstacles suscités par les intérêts factices de la politique. Nous l'avons remarqué en Droit romain, lorsque nous démontrions qu'on n'embrassait les exagérations d'un système que pour fuir les exagérations de l'autre. Nous le remarquons encore, dans le laborieux enfantement de notre Droit coutumier, dans sa lutte continuelle contre ses traditions dangereuses, enfin dans le développement qu'il donne et dans le triomphe qu'il assure à ces institutions naturelles, dont il a su conserver le véritable caractère. A l'époque où nous sommes, l'œuvre est terminée. Les législateurs du Code Napoléon vont proclamer les résultats et sanctionner cette paisible conquête en dégageant le principe des entraves qu'il peut encore rencontrer, de la part des uns, dans le respect du passé, de la part des autres, dans la multiplicité des coutumes et dans leur discordance.

(1) *Journal des Audiences*, liv. 9. tit. 2, page 220.
(2) Telle était la décision de la Coutume de Paris 123. 124. 134. Bretonnier, *Question de droit*. (Femmes.)

TROISIÈME PARTIE.

CHAPITRE Ier.

Etat actuel du Droit français.

Nous croyons avoir démontré qu'aujourd'hui l'émancipation de la femme est complète, et que, maintenant, l'égalité civile lui est acquise. Néanmoins, par une apparente bizarrerie, cette inégalité, qu'on reproche aux temps anciens, semble reparaître pour la femme mariée. Pourquoi la soumettre ainsi à une sorte de tutelle ? A quoi bon un pouvoir qui paralyse sa liberté d'action et rétablit pour elle une sorte d'incapacité ? Est-ce un abus de la force ou une injustice qui a son origine dans des combinaisons politiques et qui est consacrée par l'intérêt ; ou bien est-ce une nécessité d'ordre public ?

Cette question touche aux plus sérieux intérêts ; car de sa solution dépend le sort de la famille. Si l'on veut pour les intérêts domestiques une direction utile et régulière, il faut en investir celui qui est le mieux à même de l'exercer. C'est là une des conditions d'existence de l'union conjugale. Assurément, il est naturel que chacun des époux donne pour les

affaires communes un avis qui aura d'autant plus de poids
qu'il sera inspiré par un intérêt plus certain. Dans ce cas,
l'expérience de l'un viendra compléter l'expérience de l'autre ;
et bien souvent tous deux pourront à juste titre revendiquer
le mérite du résultat obtenu. Mais il ne peut pas toujours
en être ainsi : les esprits sont quelquefois différents, et par
suite, les opinions peuvent être opposées. Quel sera celui
des époux dont l'avis prévaudra ? Celui qui jugera le mieux,
a-t-on répondu. Pourquoi créer une autre suprématie que
celle de l'intelligence ? Certes, on doit s'incliner devant le
mérite, quel que soit celui des époux chez lequel on le rencontre. Mais peut-on établir dans la famille cet état de per-
fection qu'on a tant et si inutilement rêvé pour la société ?
Il faudrait pour cela que, dans l'échelle des intelligences, on
pût, d'une manière certaine, reconnaître les degrés.

On a encore prétendu que la vie commune déterminerait
bientôt auquel des époux cette supériorité devrait appartenir,
et que le plus digne de commander serait facilement obéi.
C'est là une théorie qui a le tort de supposer avant tout que
le mérite reçoit l'hommage qui lui est dû. D'autre part, si
vous laissez aux époux le soin de résoudre la question, vous
livrez la société conjugale, du jour de son établissement,
à des tiraillements qui doivent bientôt la détruire ; vous subs-
tituez la ruse à l'affection ; vous donnez une prime à celui
qui sera le moins sincère dans ses sentiments ; et l'accomplissement des devoirs les plus légitimes devient le prix de
la sujétion. Enfin, une fois le joug imposé, que de tempêtes
soulevées par un droit aussi contestable ! Que de tentatives
pour s'en affranchir ! Que d'astuce ou d'oppression pour le
conserver ! Etait-il donc nécessaire de mettre l'autorité au
concours et de constituer un tribunal chargé de prononcer
entre les époux ? De pareilles rêveries ne soutiennent
pas un instant l'examen. Aussi, devons-nous reconnaître
que, pour permettre à la société conjugale d'exister, le légis-

lateur a eu raison de déterminer d'avance et d'une manière définitive qui en sera le chef.

D'ailleurs, dans tous les temps, ainsi que l'histoire nous l'enseigne, l'autorité a été remise entre les mains du mari. Dès lors, comment donner pour base à ce principe une iniquité sociale ! Le progrès des idées en aurait fait justice tôt ou tard. On pourrait bien essayer de le justifier en disant qu'une loi qui, comme celle-ci, a pu résister à tous les changements successifs, suscités par la marche continuelle de l'esprit humain, n'est que l'application d'une de ces grandes règles, que l'homme n'a point créées, qui le dominent et auxquelles il obéit, sans distinction de pays ni de lieu. Mais comme la nature y a pourvu en donnant à chacun des deux sexes des qualités différentes, on ne doit plus hésiter. En effet si l'homme a eu en partage la force, l'énergie, le sang-froid, tandis que la femme, timide et faible, a eu de son côté la délicatesse de sentiments, la grâce et la pudeur, il est certain qu'on ne saurait leur concéder les mêmes droits ni leur imposer les mêmes obligations. Comment concilier les douleurs de l'enfantement, les joies et les devoirs de la maternité, que la nature réserve à la femme, avec les préoccupations de la vie civile ou de la vie politique ? Quelle serait alors la tâche du mari qui n'a pas de semblables devoirs à remplir? Sans dire que le rôle actif aurait été mal rempli, nous croyons pouvoir affirmer que la femme n'aurait pas pu se diviser autant que la diversité de ses occupations l'exigeait ; que le mari, mieux organisé pour le remplir, se serait trouvé dans l'inaction ; et que les intérêts de chacun des époux auraient été en souffrance. Aussi était-il logique de laisser au mari les occupations extérieures. Il doit veiller à la prospérité matérielle de la famille, protéger de sa force et aider de son expérience les membres qui la composent. Seulement pour s'exercer d'une manière utile et salutaire, cette protection exige une entière soumission de ceux qui en profitent.

Ainsi l'incapacité de la femme mariée tire son origine du respect dû au chef de famille, et de l'idée de protection qui en est la conséquence. C'est précisément aussi par intérêt pour la paix du ménage et pour l'honneur du foyer domestique que le législateur a voulu que la femme ne pût disposer de ses biens directement ou indirectement sans l'assentiment du mari. On conçoit d'ailleurs parfaitement que la femme, moins grande, moins forte, moins capable de grands travaux, soit vouée à des relations moins étendues et à une existence plus sédentaire. Elle a moins d'expérience ; sa raison est souvent moins sûre ; son esprit plus délicat, mais moins profond, ne se plie pas volontiers aux froids calculs que nécessitent les intérêts et les affaires domestiques ; enfin elle donne à l'imagination et au sentiment une influence trop grande sur ses décisions pour ne pas être plus d'une fois exposée à des dangers souvent très-graves.

Cette différence d'organisation entre les deux sexes vient de la différence de mission qui leur a été confiée par la Providence. En effet, la femme mariée n'a que faire de la réunion de l'égalité politique à l'égalité civile, puisqu'elle serait un empêchement à la prospérité de la famille et de la société conjugale. Ainsi, en dehors du mariage, elle jouira de sa pleine capacité, et il lui sera d'autant plus facile de suppléer à son peu d'aptitude pour les affaires, qu'elle ne sera astreinte à aucun des devoirs auxquels la nature la destine. Au contraire, devient-elle épouse et mère, elle commence à avoir besoin d'un protecteur, et on doit applaudir à la prudence de la loi, qui confie au mari la mission de contrôler ses actes et de sauvegarder ses intérêts.

Ainsi l'autorité maritale, dont Pothier voyait le fondement dans le droit naturel, et Domat dans le droit naturel et divin, est basée sur les différences que la nature a pris soin d'établir elle-même entre les deux sexes. Aussi ne peuvent-ils empiéter sur les qualités l'un de l'autre sans perdre de leur propre caractère : ce qui est douceur et timidité chez la femme ne serait que faiblesse chez l'homme. D'un autre côté, la femme perd toujours en grâce ce qu'elle gagne en force et en initiative ; une trop grande liberté d'action est souvent incompatible avec cette pudeur qui est son charme le plus irrésistible et la principale source du respect dont elle est entourée. C'est là ce qui explique comment la diversité de caractère et la diversité de constitution concourent à la réalisation de la grande œuvre sociale. « Ils seraient moins disposés à se rapprocher s'ils étaient plus semblables, disait Portalis, en exposant les motifs de la loi. La nature ne les a fait si différents que pour les unir (1). »

Enfin, quoique soumise à l'autorité maritale, la femme n'est pas la sujette de l'homme, elle est sa compagne. Elle a d'ailleurs, ainsi que lui, sa part dans les droits et les devoirs communs. Mais si, comme lui, elle ne dirige pas la famille, elle siége du moins en souveraine au foyer domestique, à l'abri du trouble, des échecs et des passions du dehors (2). Le rôle qu'elle a est peut-être moins brillant, mais c'est celui qui procure les joies les plus pures et les plus vraies.

(1) « C'est, dit Rousseau, une des merveilles de la nature d'avoir pu faire deux êtres semblables en les constituant si différemment. »
(2) Ed. Laboulaye. *Rech. sur la condition des femmes.*

INTRODUCTION AU CHAPITRE DEUXIÈME.

Portalis définit le mariage : la société de l'homme et de la femme qui s'unissent pour perpétuer leur espèce, pour s'aider mutuellement à supporter le fardeau de la vie et pour partager leur commune destinée.

Ainsi, le mariage est, avant tout, une société dans laquelle les époux se doivent réciproquement fidélité, secours, assistance ; or, dans toute société bien organisée, il y a un chef, chargé de diriger les intérêts communs. Nous avons vu que la nature et les traditions assurent la prééminence au mari, c'est donc à lui que ce rôle doit appartenir. Néanmoins, le principe d'égalité se trouve sauvegardé par la réciprocité des droits que la loi accorde et des obligations qu'elle impose à chacun des époux. C'est ce que démontrent les termes mêmes de l'article 213 du Code Napoléon, lorsqu'il dit que le mari doit protection à la femme, et la femme obéissance à son mari.

Mais de quelle manière cette protection sera-t-elle exercée ? — Comment se traduira le devoir d'obéissance auquel la femme est soumise ? De deux manières : 1° par l'obligation imposée à la femme d'habiter avec son mari et de le suivre partout où il lui plaira de résider ; 2° par l'incapacité où se trouve la femme de faire certains actes sans autorisation.

Tels sont les deux points de vue sous lesquels peut être envisagée la puissance maritale ; l'un relatif à la personne de la femme, l'autre à ses actes. Nous les examinerons tous deux successivement.

CHAPITRE II.

De l'autorité du mari sur la personne de la femme.

Les rédacteurs du Code ont pensé avec raison que l'union intime établie par le mariage ne pouvait se concilier avec une habitation séparée. Aussi, ils ont donné au mari, qu'ils investissaient du titre de chef de la société conjugale, le droit de fixer le siége de la famille, de le changer à son gré et de contraindre sa femme à le suivre.

Mais ce droit est-il indéfini ? Ira-t-il jusqu'à forcer la femme à suivre son mari en pays étranger ? C'était dans l'ancien Droit une question controversée, et Pothier décidait que la femme, appartenant à sa patrie avant d'appartenir à son époux, ne pouvait être contrainte à l'accompagner dans ce cas. C'était aussi le sens du projet de Code Napoléon. Mais cette distinction ne fut pas maintenue. On pensa avec raison que la femme était avant tout épouse, et qu'aucun lien politique, si fort qu'il fût, ne devait triompher de cette qualité.

La séparation de biens, la faillite du mari, les procès même qui peuvent diviser leurs intérêts ne dispensent point la femme de la cohabitation. Il n'y a que des mauvais traite-ments, des injures, blessant profondément le cœur et l'hon-neur, des sévices de nature à mettre sa vie en danger, qui

puissent lui donner le droit d'avoir un domicile distinct.
Encore faut-il que ces griefs soient actuels et qu'elle s'en
prévale au moment même. Car, si l'épouse offensée ou mal-
traitée n'en profite pas pour faire prononcer sa séparation
de corps, elle est censée pardonner et ne peut, par crainte de
mauvais traitements futurs, refuser de rentrer sous le toit
conjugal.

D'ailleurs, la femme trouve dans le principe que consacre
l'art. 214 un droit en même temps qu'une obligation, et le
mari ne pourrait, sous aucun prétexte, refuser de la recevoir.
Il doit lui fournir une habitation convenable eu égard à sa
fortune et à sa position. S'il n'a pas de demeure fixe, si le
logement qu'il habite n'est pas convenable, s'il s'y passe des
choses qu'une femme qui se respecte ne peut tolérer, elle
aura le droit de résister à la demande de son mari, sans
qu'il soit nécessaire d'en venir à une demande en séparation
de corps. Quand, au contraire, il se livrera à une profession
avouable, légale, la femme n'aura pas le droit de se montrer
plus difficile que la loi.

La loi ne dit rien des moyens que le mari peut employer
pour contraindre sa femme à habiter avec lui. D'un autre
côté, les moyens ordinaires, par lesquels un créancier est
autorisé à poursuivre son débiteur, ne conviennent pas à
cette espèce toute particulière d'obligation. Aussi, pensons-
nous que les tribunaux peuvent autoriser le mari à employer
les moyens légaux qui lui paraissent les plus propres à
atteindre son but. Si c'est la femme qui a abandonné le domicile conjugal, on ne peut demander contre elle de déchéance des avantages (1) qu'elle a reçus de son conjoint,

----

(1) La femme qui n'était plus avec son mari, lors de son décès, était
privée de son douaire. Cout. de Normandie, 361-362; d'Anjou, 314;
de Bretagne, 451; Pothier, du Douaire, n° 257.

Autrefois aussi, l'abandon de l'un des époux par l'autre devenait pour
l'époux abandonné une cause de séparation de corps. Parlement de

puisque c'est une peine que la loi n'a pas édictée, ni même demander contre elle la séparation de corps. Car on pourrait craindre d'autoriser ainsi une séparation de corps par consentement mutuel, préparée à l'aide d'un abandon concerté, ou d'encourager et de récompenser les persécutions et les brutalités de l'époux qui voudrait forcer son conjoint à déserter le domicile conjugal.

Le mari peut seulement, en pareil cas, et c'est le plus légitime de tous les moyens, refuser à sa femme les aliments et les secours pécuniaires, car l'obligation de nourrir et d'entretenir sa femme est directement corrélative de l'obligation imposée à la femme de résider avec son mari.

Mais ce refus d'aliments, de vêtements, de secours pécuniaires, s'il est légal, peut être par malheur, soit impraticable, soit inefficace; impraticable, si la femme touche ses revenus elle-même, comme dans le cas de séparation de biens ou de régime paraphernal (art. 1449, 1536, 1576) ; inefficace, si, lors même que le mari a la jouissance des biens de sa femme, celle-ci trouve encore des moyens d'existence, soit dans les complaisances de sa famille, soit dans ses propres économies. Que faire alors ? Devra-t-on autoriser la saisie des revenus, avec appropriation au profit de l'époux abandonné? Mais, dit-on, les dommages-intérêts ne sont accordés que pour indemniser le créancier d'un préjudice qu'il a éprouvé ou d'un gain dont il a été privé ; or, le préjudice causé à l'autorité maritale par la désobéissance de la femme est purement moral et ne saurait être susceptible d'une évaluation en argent. Néanmoins, il faut une sanction à un droit reconnu ; et, comme la loi n'en a point déterminé, elle s'en est rap-

---

Paris, 7 septembre 1779. Cette solution a été consacrée par la loi du 20 septembre 1792, 1, art. 4, n° 5, d'après laquelle le divorce pouvait être fondé sur l'abandon de la femme par le mari ou du mari par la femme pendant deux ans au moins. La même disposition se retrouvait dans le projet de Code Napoléon.

portée à la prudence des magistrats, en les renvoyant aux modes de contrainte à leur disposition. Aussi sommes-nous d'avis que la saisie est un moyen légal qui pourra être employé. Seulement, comme l'appropriation peut présenter de graves dangers, les tribunaux feront bien de ne l'employer que dans des cas très rares.

Il reste enfin un dernier moyen de coercition, la contrainte personnelle. Le mari aura-t-il le droit d'y recourir et de faire appel à la force publique pour ramener sa femme au domicile conjugal ? D'après certains auteurs, ce moyen est illégal, car il constitue un nouveau cas de contrainte par corps, et aux termes de l'article 2063. C. N., on ne peut, sur ce point, suppléer au silence de la loi. Mais la contrainte personnelle employée dans notre espèce n'a aucun rapport avec la contrainte par corps proprement dite à laquelle fait allusion l'article 2063. Tandis que cette dernière a pour but de priver de sa liberté le débiteur, l'emploi momentané de la force publique à l'égard de la femme n'aura d'autre résultat que de la ramener au domicile conjugal où elle retrouvera ses droits d'épouse en même temps que les obligations que lui impose ce titre. Il s'agit, avant tout, d'employer la force pour faire respecter un droit et pour assurer aux décisions de la justice l'effet sans lequel elles seraient illusoires. On reproche en outre à ce moyen d'être scandaleux. Mais l'exécution de la loi ne saurait être un scandale. D'ailleurs, la présence d'un ou de deux agents de la force publique suffira en général pour ramener une femme au domicile de son mari, et plus d'une y retournera d'elle-même plutôt que de subir l'escorte des gendarmes et des huissiers.

Cette fois encore tout est subordonné aux circonstances. Aussi la loi a-t-elle agi prudemment en n'obligeant pas les tribunaux, dans tous les cas, à accorder au mari ce moyen de contrainte. Ils devront prendre en considération le caractère de la femme, son irritation, ainsi que la nature des griefs qu'elle se croit en droit de relever contre son mari, toutes choses qui pourraient rendre cette mesure impuissante, pour éviter un scandale inutile. Quand, au contraire, elle pourra produire un bon résultat ce sera un moyen pour les tribunaux de donner quelque efficacité à leur décision. La femme pourra également recourir à la force publique pour faire respecter ses droits, et notamment pour se faire ouvrir le domicile conjugal dont le mari lui refuserait l'entrée.

Dans tous les cas, cette mesure doit être ordonnée par un jugement et après sommation préalable : elle ne pourrait être employée sur simple ordonnance du président.

CHAPITRE III.

Fondement, forme et caractère de l'autorisation maritale.

Pourquoi l'autorisation maritale est-elle indispensable ? Quel en est le fondement ? Les auteurs sont partagés sur cette question : suivant les uns, l'autorisation n'est exigée que dans l'intérêt de la puissance maritale ; suivant d'autres, elle est requise, non pas seulement en faveur du mari, mais en faveur des intérêts matrimoniaux dont il est le représentant. La troisième opinion, enfin, assigne pour principe à l'autorisation, outre la puissance maritale, à laquelle tous les systèmes la rattachent, l'intérêt personnel de la femme. De ces trois systèmes, quel est le meilleur ? Quel est celui que le Code civil a suivi ? Le Code civil a très certainement introduit dans cette matière une règle nouvelle, c'est que la nullité résultant du défaut d'autorisation, qui était autrefois absolue, n'est plus maintenant que relative. Dans quel intérêt cette autorisation est-elle principalement exigée ? Sur quel principe enfin repose-t-elle ? Il faut bien le dire ; cela n'est ni très net ni très clair. Toutefois, il nous parait résulter de l'ensemble des dispositions du Code que cette autorisation n'est fondée que sur la nécessité de maintenir l'autorité maritale et sur la garantie due aux intérêts matrimoniaux, mais qu'elle ne ressemble en rien à une tutelle, parce qu'elle n'a pas pour principe l'intérêt particulier et individuel de la femme.

Ce qui caractérise la puissance maritale, du moins celle sur les biens, c'est d'être une institution de pur Droit civil, propre aux citoyens français. Ainsi l'étranger, résidant sur notre territoire, ne l'aura pas, tandis que le Français, quittant son pays, la conservera pourvu qu'il ne change pas de nationalité. Elle prend naissance dans le mariage et finit avec lui (1) ; de telle sorte que si, avant son mariage, la femme avait un procès avec un tiers, elle aurait besoin de se faire autoriser pour le continuer.

Autrefois, lorsque le mari était condamné à une peine afflictive ou infamante, la loi le déclarait mort civilement ;

(1) Certaines Coutumes en faisaient commencer la nécessité du jour des fiançailles. Chap. VI. Coutumes d'Artois, art. 87 ; de Bourgogne, art. 232 ; d'Auvergne, I, chap. 25.

par suite, son mariage était dissous et sa femme n'était plus
sous sa puissance. Mais, aujourd'hui, c'est-à-dire depuis la
loi du 31 mai 1854, le mariage subsiste : par suite, l'incapacité de la femme subsiste également, bien que le mari ne
soit plus en état d'exercer son autorité maritale. La femme,
dans une pareille situation, devra recourir à l'autorisation de
justice, à moins que la peine de son mari ne vienne à cesser
par la prescription, la réhabilitation ou la grâce.

Mais le seul véritable caractère de l'autorisation c'est la
spécialité. L'art 223 dit que toute autorisation générale,
même stipulée par contrat de mariage, n'est valable que
quant à l'administration des biens de la femme. Nous
voyons encore l'article 1528 disposer que toute autorisation
générale d'aliéner les immeubles donnée à la femme, soit
par contrat de mariage, soit depuis, est nulle. Ainsi, il n'y
a pas lieu de distinguer entre le cas où l'autorisation générale a été donnée par contrat de mariage, et celui où elle l'a
été pendant le mariage, car dans l'un et l'autre cas, elle est
nulle; si on avait admis le système contraire, on aurait laissé
aux époux trop de latitude pour annuler l'autorité maritale et rendre la femme indépendante de son mari. En
restreignant l'autorisation à une certaine classe d'actes, le
principe de l'autorisation ne serait pas suffisamment respecté. L'autorisation devra être donnée en connaissance de
cause, en vue d'un acte déterminé, d'une opération pré-
cise, spécifiée. C'est là l'interprétation qui nous paraît la
plus conforme aux intentions du législateur. Autrement, si
le mari pouvait d'avance et aveuglément autoriser sa femme
pour des actes qu'elle ferait, quand et comme bon lui
semblerait, il pourrait en résulter que la femme serait dé-
gagée de l'autorisation maritale pour une certaine catégorie
d'actes. C'est, d'ailleurs, en ce sens restrictif que notre
ancien Droit entendait la spécialité de l'autorisation : « J'es-

time, dit Lebrun (1), que les autorisations doivent être spéciales en chaque affaire et en chaque contrat ». « L'autorisation du mari, dit Pothier (2), doit être aspéciale pour le contrat qui se passe. » Aussi, nous ne supposons pas que le Code ait voulu donner à ce mot une acception différente.

Le mari ne peut pas donner à un tiers le mandat vague et général d'autoriser sa femme à emprunter, à aliéner, sans distinguer les biens, les sommes et les conditions, car ce serait, en réalité, déléguer l'autorité maritale. Le mari en effet doit seul apprécier la convenance et l'utilité de l'acte pour lequel l'autorisation est demandée. Néanmoins le vœu de la loi serait rempli s'il s'agissait d'un acte spécial et déterminé, et si le mari en déterminait dans le mandat les principales conditions.

Le caractère de spécialité de l'autorisation nous conduit à l'examen d'une autre question. Supposons que la femme ait donné à son mari le mandat illimité d'aliéner, d'emprunter etc., pour elle et en son nom. Les clauses des actes que le mari peut faire ne sont pas déterminées ni les délais d'exécution fixés ; est-ce que ces principes de la loi ne subissent aucune atteinte ? Tel n'est pas notre avis. En effet, la femme mariée ne pourrait, même avec l'autorisation de son mari, confier un pareil mandat à un tiers ; car l'autorisation serait nécessairement générale, et sa nullité entrainerait celle du mandat. Le résultat sera le même dans notre espèce : le concours du mari dans l'acte pourra bien être considéré comme renfermant l'autorisation ; mais ce ne sera jamais qu'une autorisation générale et par conséquent sans valeur. Mais on fait cette objection qu'elle deviendra spéciale pour chacun des actes, par cela même que ces actes émaneront du mari. Comment y répondre ? Dirons-nous, avec la Cour d'Amiens,

____

(1) Comm., Liv. II, chap. 1er, section IV, no 8.
(2) Int., au tit. V de la cout. d'Orléans. De la puissance du mari, no 67.

que le mari, dans chacun des actes qu'il fera ensuite, ne comparaîtra pas comme autorisant sa femme, mais, comme agissant en qualité de procureur fondé (1) ? Non ; car la distinction est bien difficile ; elle conduirait d'ailleurs à faire supposer que le titre de mari doit disparaître dans le titre de mandataire. Néanmoins nous pensons que cette autorisation ne doit avoir d'effet qu'autant que la femme a donné un consentement valable. Or, ici d'où vient le consentement? de sa procuration, qui est nulle, puisqu'elle a été faite en vertu d'une autorisation générale. C'est ce que disait déjà Pothier : « La procuration du mari étant nulle, faute d'autorisation, le contrat fait par le mari en vertu de cette procuration ne pouvait se soutenir (2). »

Au contraire, le mari donnerait valablement à sa femme l'autorisation générale d'aliéner ou hypothéquer ses propres biens ou ceux de la communauté. Il y aurait là, en effet, non pas une autorisation, mais un mandat ordinaire. Enfin il en serait encore ainsi s'il s'agissait d'actes d'administration sur les biens de la femme elle-même, dans le cas où le contrat de mariage attribuerait au mari cette administration. La question d'autorisation ne peut se présenter, en effet, pour la femme qu'à l'égard des actes qu'elle a le droit de faire personnellement. Aussi pourrait-on à bon droit critiquer l'art. 227; car, ou bien l'autorisation résultera du contrat de mariage, et alors la femme se trouvera soumise à un régime sous lequel elle pourra faire librement tous actes d'administration ; ou bien, d'après le contrat de mariage, l'administration appartiendra au mari, et alors celui-ci, en en chargeant la femme, ne fera que lui confier un mandat.

Nous trouvons cependant un cas qui constitue une véritable exception au principe de la spécialité de l'autorisation ;

(1) 1er mars 1837. Amiens.
(2) Puissance du mari, 70.

c'est celui où le mari permet à sa femme de faire le commerce. Par là, il la rend capable de faire tous les actes résultant de la profession qu'elle embrasse. Ces actes sont en effet trop multipliés pour que l'on puisse astreindre la femme à se faire autoriser pour chacun d'eux. Mais, en dehors des actes qui concernent son commerce, sa capacité est réglée par les principes ordinaires.

Dans l'ancien Droit la forme de l'autorisation variait selon qu'il s'agissait d'ester en jugement ou de contracter ; s'agissait-il d'ester en jugement il suffisait que le mari eût consenti de quelque manière que ce fût. Au contraire s'agissait-il de contracter, l'autorisation devait être sacramentelle. Mais aujourd'hui l'autorisation peut, dans tous les cas, être expresse ou tacite ; peu importent les expressions par lesquelles le mari accorde son consentement ; et le Code lui-même se sert indistinctement dans les articles qui traitent de la matière des mots consentement ou autorisation. Le principe se trouve contenu dans l'art. 217, qui n'exige autre chose que le concours du mari dans l'acte ou son consentement par écrit.

L'autorisation expresse peut être donnée, soit par acte authentique, soit par acte sous seing privé. Pourrait-elle être donnée verbalement ? Pour répondre négativement on serait fondé à s'appuyer sur l'art. 217, qui exige un consentement par écrit. Mais on ne doit pas donner une trop grande portée à cette disposition. Elle n'a d'autre but que de repousser dans tous les cas la preuve testimoniale ; et comme l'écrit n'est pas exigé *ad solemnitatem* on peut y suppléer, dès qu'il n'y a plus lieu de redouter les dangers que la loi a voulu prévenir. Ainsi, dans le cas où le mari avouerait avoir donné son autorisation ou refuserait de prêter le serment qu'on lui défère, il ne devrait plus être admis à contester la validité de l'acte. Il n'est pas essentiel, du reste, que l'autorisation soit énoncée dans l'acte passé par la femme (1).

Aux termes de l'art. 217, l'autorisation tacite résulte du concours du mari dans l'acte. Quelque restrictives que semblent ces dernières expressions, ce mode d'autorisation s'applique cependant aux actes judiciaires eux-mêmes ; et, si l'article ne s'explique pas à leur égard c'est uniquement parce que pour eux il en a été ainsi de tout temps.

Le concours du mari ne peut être considéré comme renfermant une autorisation qu'autant qu'il suppose nécessairement de sa part la connaissance et par suite l'approbation de l'acte. Ce sera là une question de fait dont l'appréciation doit être laissée aux magistrats. Mais pourrait-on voir une autorisation tacite dans des circonstances autres que celles relevées dans l'art. 217 ? Oui, dit-on ; car l'autorisation n'a rien de solennel. Le Code n'a prévu qu'une hypothèse, parce qu'elle était en réalité la seule à laquelle il fût possible d'attacher d'avance une sorte de présomption légale ; mais cette disposition n'est nullement exclusive. Elle l'est, dirons-nous, car le texte est formel, et il a eu probablement pour but, en parlant du concours du mari, d'éviter de difficiles appréciations de fait, de même qu'en mentionnant l'autorisation par écrit, il voulait éviter les dangers de la preuve par témoins. Il n'en est cependant pas de même de l'autorisation nécessaire à la femme commerçante. On pourra en voir la preuve dans la simple tolérance du mari. L'ancien Droit lui-même ne se montrait pas plus exigeant sur ce point (2) ; et l'art. 5. C. Com. se contente de déclarer que la femme ne peut être commerçante sans le consentement de son mari, mais n'exige pas le consentement par écrit de l'art. 217. C. N. On a considéré en effet avec beaucoup de raison qu'il fallait

---

(1) Les anciens auteurs voulaient que la femme déclarât faire le contrat avec autorisation. Ils en faisaient une condition essentielle à sa validité. Pothier, n° 72. Lebrun., Comm., liv. II, chap. 1.

(2) Pothier, n° 22.

donner aux tiers une sécurité nécessaire à toute espèce de commerce. D'autre part, la grande publicité de la profession de commerçante ne permettra guère les contestations que l'art. 217 a voulu prévenir, sur le point de savoir si le mari a connu ou ignoré les actes de la femme. Il y aura donc là une question de fait pour laquelle les tribunaux auront la plus grande latitude d'appréciation.

Pour que la femme soit considérée comme commerçante il ne suffira pas qu'elle ait fait des actes de commerce au vu et su de son mari, si d'ailleurs, elle ne faisait que détailler les marchandises appartenant à ce dernier. Il faudra qu'elle ait un commerce séparé et non pas un genre de négoce différent (1) « une marchandise séparée et autre que celle de son mari », mais des droits et des intérêts distincts. S'il n'en est pas ainsi, la femme joue le rôle d'un simple mandataire et le mari seul est réputé commerçant.

(1) 235. Cout. de Paris.

CHAPITRE IV.

Des divers cas où l'autorisation est requise.

L'autorisation est exigée, soit pour les actes judiciaires, soit pour les actes extra-judiciaires.

§ 1er. *Actes judiciaires.*

Un procès est un acte trop grave pour que la femme puisse s'y engager sans l'autorisation de son mari ; il peut avoir, en effet, des conséquences soit pécuniaires, soit morales, d'une très-grande importance pour la famille, et la femme n'a nulle part un plus grand besoin de protection.

L'article 215 est ainsi conçu : « La femme ne peut ester en jugement sans l'autorisation de son mari, quand même elle serait marchande publique, ou non commune, ou séparée de biens. » Ainsi le principe est général ; et la loi ne considère dans son application ni le régime auquel la femme est soumise, ni la profession qu'elle exerce. Il n'en était pas ainsi dans notre Droit ancien. La femme séparée de biens pouvait librement ester en justice dans les procès qui con-

cernaient l'administration de ses biens ; la femme marchande le pouvait aussi, suivant certains auteurs, pour les
actes relatifs à son commerce. Les rédacteurs du Code ont
pensé avec raison qu'un procès ne pouvait en aucun cas
être considéré comme un acte d'administration, ni compris
parmi les actes pour lesquels le mari a entendu autoriser
tacitement sa femme en lui permettant d'être marchande
publique.

Ainsi les termes de l'article 215 sont généraux, et on ne
doit pas distinguer si la femme joue dans l'instance le rôle
de demanderesse, de défenderesse ou de partie intervenante.
Dans tous les cas, elle aura besoin de l'autorisation quels que
soient la nature ou l'objet du litige. Il s'agirait d'une action possessoire, d'un procès en interdiction, d'une produc-
tion dans un ordre ou d'une demande en nullité de mariage,
que, devant toutes les juridictions, sans considérer la qualité de l'adversaire, elle ne pourrait toujours pas plaider
librement. C'est ainsi qu'une femme ne peut plaider librement contre son mari. Si cependant ce dernier joue dans
l'instance le rôle de demandeur, il est censé autoriser par là
même sa femme à se défendre, quelle que soit l'époque à
laquelle l'instance a été engagée. D'ailleurs, ainsi que nous
l'avons dit précédemment, la femme qui, avant son mariage,
aurait commencé un procès, ne pourrait le continuer qu'avec
l'autorisation de son mari.

Si générale que soit notre règle, elle n'est pas cependant
sans exceptions. La première que nous avons à constater
est celle de l'art. 216, C. N. « L'autorisation du mari, porte-
t-il, n'est pas nécessaire lorsque la femme est poursuivie
en matière criminelle ou de police. » L'autorité maritale est
alors primée par des considérations d'un ordre supérieur :
le droit de la défense, que rien ne saurait entraver, l'intérêt
de la justice, qui exige que rien ne puisse soustraire la
femme à l'obligation de rendre compte de sa conduite.

En est-il de même lorsque les poursuites sont intentées par la partie civile? A ce sujet on distingue entre le cas où cette action vient se joindre à l'action du ministère public, et celui où la partie civile agit directement devant les tribunaux de répression. Quand la partie civile agit en même temps que le ministère public devant le tribunal de justice répressive, la femme ainsi poursuivie n'a pas besoin d'autorisation : la loi qui la déclare capable de se défendre quant au fait principal, l'habilite par là même quant aux conséquences de ce fait : *accessorium sequitur principale*. La partie civile fournit des preuves qui aident le ministère public à prouver le délit; la femme doit donc pouvoir se défendre contre elle. L'art 359 I. C. confirme du reste le système. Il y est dit, en effet, que la partie civile peut former sa demande à l'audience même où s'agite l'action publique, jusqu'au jugement, et par suite jusqu'au dernier moment de la procédure; or, cette faculté serait entravée, on ne pourrait en user, s'il fallait, pour cela, assigner préalablement le mari en validité de la demande formée contre la femme. Si la femme est poursuivie devant le tribunal correctionnel par la partie lésée sans l'être par le ministère public (145, 182. I. C.), a-t-elle dans ce cas besoin d'une autorisation? Sans aucun doute, a-t-on dit, car dans l'espèce l'action est exclusivement civile et rien n'empêche la partie lésée d'assigner, aux fins d'autorisation, le mari en même temps que la femme. La négative sur cette question nous paraît une opinion préférable. Le tribunal correctionnel saisi de l'action civile doit avant d'accorder les dommages-intérêts réclamés par la partie lésée, constater le délit; cette constatation peut amener contre la femme une condamnation correctionnelle, car le ministère public, qui est présent, peut immédiatement conclure à l'application de la peine. Or, ici la femme est exposée à une peine; elle n'a donc pas besoin d'autorisation pour se défendre

Si la partie civile formait sa demande devant le tribunal civil, la femme n'y pourrait défendre qu'autant qu'elle serait autorisée; car, dans ce cas, on ne pourrait pas dire qu'elle serait poursuivie au criminel. Ce serait là une dérogation que ne justifieraient ni la lettre de la loi, ni son esprit.

Le principe de l'autorisation maritale souffre encore une exception dans les actions en séparation de corps et en séparation de biens. La femme peut librement présenter sa requête au président du tribunal, et c'est ce magistrat qui lui donnera l'autorisation nécessaire pour poursuivre l'instance. Une fois la séparation prononcée, elle n'aura besoin d'aucune autorisation pour exercer contre son mari les actions tendant au recouvrement de ses droits matrimoniaux ; elle se trouvera suffisamment habilitée à cet effet par le jugement qui aura fait droit à sa demande.

§ 2. *Actes extra-judiciaires.*

Il semble que l'article 217 prononce une incapacité absolue et indépendante du régime adopté par les époux. Mais ce n'est point dans cette disposition qu'il faut chercher l'énonciation du principe qui doit nous guider; c'est dans l'art. 1124, aux termes duquel « les incapables de contracter sont.... les femmes mariées dans les cas exprimés par la loi. » Ainsi l'art. 217 ne fait que développer la règle. D'après lui, la femme ne peut, sans autorisation, donner, c'est-à-dire procurer à quelqu'un un avantage pécuniaire sans recevoir en retour un équivalent. Il y a cependant à cette règle on ne peut plus formelle pour les donations entre vifs, une restriction relative au testament, qui peut toujours être fait sans autorisation (art. 226) ; car, il ne doit avoir son effet qu'à l'époque où la puissance maritale a cessé d'exister. Elle est également incapable d'aliéner à titre onéreux. Mais cette prohibition d'aliéner ne peut s'appliquer d'une manière absolue qu'aux immeubles ; en effet, le pouvoir de la femme sur les meubles varie avec le contrat de mariage qui régit les époux. L'hypothèque lui est aussi interdite comme pouvant amener indirectement une aliénation. Enfin, elle ne peut acquérir ni à titre onéreux ni à titre gratuit. D'un côté les graves conséquences que peut avoir cet acte ; de l'autre des considérations de bienséance et de morale ne permettent pas à la femme d'agir sans consulter son mari. Ainsi, en résumé, la femme ne peut en principe s'obliger sans autorisation. Les textes ne le disent pas formellement ; mais cette incapacité résulte de la défense qui lui est faite d'aliéner.

Qoique le principe soit vrai, ne l'appliquons pas cependant d'une manière trop absolue. D'ailleurs, sous tous les régimes qui donnent au mari l'administration des biens de la femme, celle-ci ne peut faire absolument aucun acte sans autorisation. Toutes les fois qu'elle contracte, c'est beaucoup moins en son nom personnel qu'au nom et comme fondée de pouvoir de son mari. C'est pourquoi lorsqu'on se demande si la femme a pu faire un contrat, on touche plutôt à une question de mandat, qu'à une question d'autorisation.

Mais la règle n'est pas aussi simple quand la femme a l'administration de ses biens personnels , soit dans le cas de séparation de biens, soit sous le régime dotal à l'égard des biens paraphernaux, soit même sous tout autre régime quant aux biens dont elle s'est réservé la jouissance.

Dans ces divers cas, la femme peut faire sans autorisation tous les contrats constituant des actes d'administration. En effet, aux termes des articles 1536 et 1449, elle a la libre administration de sa fortune ; tandis que le mineur émancipé ne peut faire que les actes de pure administration. Elle peut donc contracter toutes les obligations relatives à l'entretien ou à la réparation de ses biens ; consentir des baux à loyer ou à ferme pour neuf ans ou un temps moins long, et les renouveler ensuite d'après les règles des art. 1429 et 1430. Il lui est également permis de poursuivre le remboursement de ses capitaux et d'en donner décharge ; de faire le placement de ses fonds, soit sur l'Etat, soit sur des particuliers, avec ou sans hypothèque, soit en actions dans une société, pourvu que, le versement du capital opéré, il ne puisse en résulter pour elle aucune obligation.

Devons-nous aller plus loin et décider que l'art. 1449 renferme une modification au principe de l'art. 217 ? A priori il semble, en effet, que cette modification existe, puisque l'art. 217 en défendant à la femme, même non commune ou séparée, de donner ou d'aliéner sans le consentement du mari, ne distingue pas entre les meubles et les immeubles, tandis que l'art. 1449, dans une de ses dispositions, dit que la femme « peut disposer de son mobilier et l'aliéner ». Cependant pour les aliénations à titre gratuit, quelle que soit la généralité des expressions employées par la loi, la femme doit toujours être considérée comme complétement incapable. Sur ce point, du reste, l'art, 905, s'inspirant d'incontestables motifs de bienséance, a reproduit formellement la disposition énoncée dans l'art. 217. Mais que décider pour les aliénations à titre onéreux ? Et la femme trouve-t-elle dans l'art. 1449 le droit indéfini d'aliéner son mobilier ?

Plusieurs Coutumes permettaient à la femme séparée de se passer dans tous les cas de l'autorisation du mari. Le texte de la Coutume de Paris lui-même semble lui reconnaître le droit le plus étendu de disposer de ses biens meubles et immeubles. « Une femme mariée, porte l'art. 234, ne se peut obliger sans le consentement de son mari, si elle n'est séparée par effet, ou marchande publique. » Mais la capacité si étendue que cet article paraît accorder à la femme séparée avait été singulièrement restreinte dans son application. On

l'avait réduite en effet aux actes d'administration : « On n'en
doit pas conclure, disait Pothier, que celle qui est séparée
puisse indistinctement, pour quelque acte que ce soit, se
passer de l'autorisation de son mari : elle peut s'en passer
seulement pour les actes et contrats qui ne concernent que
l'administration de ses biens, que la séparation lui donne le
droit d'administrer. » Cependant les commentateurs ne s'ac-
cordaient pas sur l'étendue du pouvoir qu'avait la femme
séparée sur son mobilier. Quelques-uns lui reconnaissaient
le droit de s'obliger indéfiniment sur cette partie de ses biens ;
mais la plupart se prononçaient dans un sens plus restrictif.
C'est ainsi que Lebrun établit sur ce point une assimilation
complète entre la femme et le mineur émancipé ; que Duplessis limite la faculté qu'a la femme de s'obliger aux seules
choses nécessaires à son entretien ; et enfin, que suivant plusieurs autres « la femme peut s'obliger pour sa nourriture et
entretènement, mais non pour autre sujet. »

Qu'en est-il aujourd'hui ? Le Code, après avoir admis
dans l'art. 217 les principes de l'ancien Droit, les a-t-il ré-
pudiés dans l'art. 1449, tandis que, par une bizarrerie étrange,
il se montrait plus rigoureux que le Droit coutumier en refusant dans tous les cas à la femme séparée le droit de plaider
sans autorisation ?

On a soutenu, en s'attachant à la lettre de la loi, que la
femme pouvait dans tous les cas aliéner ses biens mobiliers.
D'après une seconde opinion, au contraire, cette disposition
de l'art. 1449 n'est que la conséquence de la libre administration accordée à la femme ; et les actes d'aliénation du mobilier ne seront valables que s'ils conservent ce caractère.

Telle ne nous paraît pas avoir été la pensée du législateur. Rien ne nous autorise à voir dans ce dernier article une
dérogation au principe de l'art. 217, pas plus la place que la
disposition occupe, que les termes dans lesquels elle est
conçue. De plus l'art. 1556, s'occupant de la séparation

contractuelle, dit formellement que la femme conserve l'administration de ses biens meubles et immeubles. Or, dans les deux cas la règle est la même, et il n'y a de différence que dans la cause de la séparation. Dès lors ces deux articles s'expliquent et se complètent l'un par l'autre ; et si, d'une part, il résulte de leur combinaison que la femme peut disposer de son mobilier, comment douter, d'autre part, que sa capacité ne puisse en aucun cas dépasser les limites d'une libre administration.

Il peut être, il est vrai, assez difficile aux tiers de vérifier la nature de l'aliénation que fait la femme de son mobilier. Aussi devra-t-on présumer ordinairement que cet acte rentre dans ceux que la femme est autorisée à faire en vertu de son pouvoir d'administration. Telle est l'explication que l'on doit donner de l'art. 1449 dont le but était d'établir cette présomption. L'acte devra être annulé si par sa nature même il ne peut être considéré comme ayant ce caractère.

Examinons maintenant une question qui n'est pas sans rapport avec celle dont nous venons de nous occuper. Dans quelle limite les créanciers de la femme pourront-ils poursuivre sur les biens de leur débitrice l'exécution de ses engagements ? Un système, celui que nous venons de combattre, consiste à soutenir que les obligations de la femme séparée de biens pourront être exécutées sur son mobilier, sans qu'il soit nécessaire d'examiner si elles ont été contractées ou non pour les besoins de l'administration. Mais l'autre, qui, au contraire, ne donne action aux créanciers dans cette limite qu'autant qu'elles pourront être considérées comme affectant ce caractère, nous semble devoir être admis de préférence. Il n'y a, d'ailleurs, aucun motif de restreindre aux meubles l'action des créanciers. Sans doute, aux termes de l'art. 1449, la femme ne peut aliéner ses immeubles à moins qu'elle ne soit autorisée de son mari ; mais il ne s'agit là évidemment que d'une aliénation directe. Si la validité des obligations contractées par une femme n'est reconnue par la loi qu'à de certaines conditions, doit-on, lorsque ces conditions sont remplies, établir une exception aux principes ordinaires qui donnent aux créanciers une action sur tous les biens de leur débiteur ? Puisque la loi accorde à la femme la libre administration de ses biens, elle n'a pas dû la hérisser de difficultés pour l'empêcher de l'exercer. Or, il en serait souvent ainsi si la femme ne pouvait, dans cette limite, contracter d'obligations personnelles, et si on refusait à ses engagements les effets qu'ils produisent ordinairement vis-à-vis des tiers, car il n'est personne qui consentirait à traiter avec elle à de pareilles conditions.

Doit-on conclure de la solution que nous venons d'adopter que la femme puisse seule hypothéquer ses immeubles pour la garantie des obligations par elles contractées pour cause d'administration ? Vainement certains auteurs, d'un grand crédit, ont soutenu que l'hypothèque était un droit accessoire et qu'il n'y avait pas plus de doute pour la validité de l'hypothèque que pour la validité de l'obligation principale. D'ailleurs, la capacité de constituer une hypothèque est toute spéciale ; elle n'exige pas seulement la faculté de s'obliger personnellement, mais encore celle d'aliéner directement l'immeuble qu'il s'agit d'hypothéquer (art. 2124). N'en est-il pas de même pour le tuteur, pour le mineur émancipé ! Autre chose est administrer et contracter à cet effet de simples engagements, autre chose hypothéquer. Ce dernier acte est toujours très-grave, en ce qu'il altère le crédit du débiteur, et on conçoit que la loi n'accorde pas à ceux-là mêmes qui peuvent administrer librement le droit, souvent inutile, pour eux d'hypothéquer.

De même que l'autorisation est nécessaire à la femme séparée pour acquérir à titre gratuit, de même elle lui est nécessaire pour acquérir à titre onéreux. Ici encore on ne doit pas s'en tenir servilement à la lettre de l'art. 217. L'art.

1449 ne contient, il est vrai, aucune dérogation formelle à la rigueur de ce premier texte. Cependant, il en renferme virtuellement une dans une certaine limite. Sans doute, la femme ne pourra pas acquérir lorsque de cet acte devront naître, pour elle, des obligations personnelles. Comment lui refuser le droit d'acquérir au comptant dans les limites de ses ressources présentes? Les dangers que l'on rencontrait dans un contrat qui l'obligeait pour l'avenir n'existent plus ici, et notre solution est conforme à l'esprit de l'art. 1449. Aux termes de ce même article, la femme séparée de biens a la libre disposition de sa fortune, et par suite, le droit de disposer de son mobilier. Or, dans certains cas, l'acquisition à titre onéreux peut constituer un acte d'administration, un acte de disposition légitime du mobilier. Les droits d'un administrateur comportent nécessairement le placement des capitaux, l'emploi des revenus ; la faculté d'acquérir est donc conférée virtuellement à la femme par cet article. Ainsi, elle pourra acheter au comptant des meubles corporels ou incorporels, rentes sur l'Etat, actions de la Banque de France ou de Compagnies industrielles. Par la même raison, et pour être logique, on doit accorder à la femme la capacité d'employer ses fonds à l'acquisition d'un immeuble. Autrement, en lui refusant ce droit, on méconnaîtrait singulièrement l'esprit du Code et sa prédilection toute particulière pour les immeubles.

C'est donc en consultant l'esprit de la loi que nous arriverons à concilier les art. 217 et 1449 ; et c'est d'après le caractère dominant de l'acte d'acquisition que nous appliquerons l'une ou l'autre de ces dispositions. Licite lorsqu'elle constituera seulement l'emploi d'un capital disponible, l'acquisition cessera de l'être quand elle fera naître pour la femme une obligation personnelle.

La femme séparée de biens peut transiger sans autorisation sur les difficultés relatives à l'administration de ses biens ou à la disposition de son mobilier. En effet, l'art. 2045 dit que pour transiger, il suffit d'avoir la capacité de disposer des objets compris dans la transaction. En sera-t-il de même pour le compromis ? Si l'on ne consultait que l'art. 1003 (C. Pr.) l'affirmative ne paraitrait pas douteuse. Nous ne pouvons cependant l'accepter en présence de l'art. 1004, aux termes duquel on ne peut compromettre sur aucune des contestations qui seraient sujettes à communication au ministère public, et de l'art. 83 du même Code, qui fait rentrer dans cette catégorie les causes des femmes non autorisées.

Ainsi le principe est que la femme séparée de biens ne peut sans autorisation contracter aucune obligation étrangère à l'administration de sa fortune. Par suite, elle ne saurait faire un emprunt, consentir un bail qui n'aurait pas le caractère d'un acte d'administration, accepter un mandat d'où pourrait naitre pour elle quelque engagement. Mais il en sera autrement lorsque le mandat ne l'obligera pas elle-même. Elle représentera valablement le mandant vis-à-vis des tiers ; mais ne pourra contracter aucune obligation personnelle ni envers le mandant ni envers les tiers (art. 1990). C'est par application de ces principes que, de tout temps, on a décidé que la femme oblige son mari, sans s'obliger elle-même par les engagements qu'elle contracte pour les besoins du ménage envers les fournisseurs ; car elle agit dans ce cas moins en vertu de l'autorisation que de la procuration de son mari.

Telles sont les modifications qu'apporte à l'incapacité de la femme la séparation judiciaire ou contractuelle. Reste maintenant à examiner une autre question, celle de savoir si la femme est complétement libre pour les actes d'administration dont la loi la reconnait capable, et si le mari ne conserve pas un droit de contrôle et de surveillance, ou, en d'autres termes, si le mari peut en appeler à la justice pour prévenir ou faire cesser des abus ?

Un premier système consiste à dire que la loi n'établit rien de pareil et qu'on ne peut restreindre la capacité reconnue à la femme. Ce serait aussi, disent les partisans de cette opinion, faire naître des dangers pour les tiers qui ne connaîtraient pas les décisions judiciaires intervenues sur la demande du mari. Enfin, ajoute-t-on, ce droit de contrôle dégénérerait le plus souvent en vexations qui paralyseraient l'administration de la femme. Supposez le cas d'une séparation judiciaire ; ce danger existera infailliblement, car le mari s'efforcera de ressaisir par tous les moyens cette administration qui lui échappe. Il critiquera tous les actes de sa femme, il les dénoncera à la justice, comme sa femme a dénoncé les siens ; il voudra user de représailles, et il en résultera des querelles et des tiraillements nuisibles à l'administration des biens et à la paix de la famille.

Ces raisons sont puissantes, il faut le reconnaître ; mais, quoique l'intervention du mari puisse donner lieu à des inconvénients, il nous parait difficile d'accepter la conclusion absolue qui refuse au mari dans tous les cas le droit de provoquer certaines mesures de garantie et de conservation. La femme, en effet, peut engager dans une entreprise aventureuse les capitaux dont elle a la disposition, ou bien elle ne remplit pas les obligations auxquelles l'astreint son administration ; elle laisse dégrader des immeubles, prescrire des droits ; et le mari ne pourrait jamais, quelles que fussent les circonstances, quelque pressant que fût le danger, demander à la justice des mesures qui garantissent ses intérêts ainsi compromis. Mais quels que soient les pouvoirs conférés à la femme, il n'en reste pas moins le chef de la famille, le gardien et le protecteur de ses intérêts présents et à venir, situation que lui donne son autorité maritale et qui ne lui permet pas de rester le témoin impassible de sa ruine. Si la loi dispense la femme de la nécessité de l'autorisation elle ne dispense pas le mari de son devoir de protection, et c'est ce devoir qu'il remplira alors. D'ailleurs, les époux ont contracté ensemble l'obligation de nourrir, entretenir et élever leurs enfants ; de plus ils se doivent réciproquement des aliments. Or, c'est un nouveau titre pour agir dans son intérêt et dans celui de ses enfants. Ils'efforcera, dit-on, de susciter des obstacles à la femme dans son administration ; mais l'appréciation de la justice aura pour but de concilier les droits de libre administration concédés à la femme avec la surveillance par laquelle le mari, à son tour, a le droit de pourvoir aux intérêts de la famille. Ajoutons enfin que telle était là solution que, déjà dans notre ancien Droit, Pothier et Lebrun donnaient à la question (1).

L'incapacité de la femme est donc plus ou moins complète suivant que l'administration et la jouissance de ses biens, lui appartiennent à elle ou à son mari. Dans cette dernière hypothèse, un tiers pourrait faire à la femme une libéralité, sous la condition que le mari n'aura ni l'administration, ni la jouissance du bien donné, sans que cette condition restreignît l'autorité maritale. On prétend, il est vrai, qu'il y a là violation du principe de l'incommutabilité des conventions matrimoniales. Mais nous ne pensons pas qu'il en soit ainsi dans notre espèce, car ce principe de l'incommutabilité des conventions matrimoniales a en vue d'éviter les donations déguisées, et il ne doit pas recevoir son application, lorsque les modifications ne proviennent pas du fait des époux. C'est ce que prouve l'article 1401, qui permet de donner à un époux commun des biens mobiliers sous la condition qu'ils lui resteront propres. D'ailleurs, l'autorité maritale n'est nullement compromise ; à côté de certains attributs du mari que l'on peut appeler essentiels, et qui ne sauraient en aucun cas être effacés, il en est d'au-

____

(1) Pothier, *Du Contrat de mariage*, n°ˢ 16 et 17. — Lebrun, *De la Communauté*, Liv. II, chap. 1, section 1ʳᵉ, n° 13.

tres, simplement naturels, qui lui appartiennent d'ordinaire, mais qui peuvent cependant lui être enlevés, sans que son autorité ait à en souffrir. C'est dans cette dernière catégorie que rentre l'administration des biens de la femme. Par une conséquence naturelle du mariage elle appartient au mari; mais rien ne s'oppose à ce que la femme la conserve elle-même par contrat de mariage, ou la recouvre plus tard par suite d'une décision judiciaire. On ne saurait dès lors considérer comme illicite une condition qui se borne à reproduire une situation que la loi elle-même a reconnue et consacrée dans certains cas. Mais, peut objecter le mari, ce nouvel état blesse mes convenances, change la position que j'avais choisie. Il refusera alors d'autoriser la femme à accepter la donation. La justice, saisie de la question, jugera des raisons auxquelles il a obéi, et n'autorisera sa femme qu'avec la plus grande réserve; mais, du moins pourra-t-elle quelquefois la protéger, en maintenant une disposition qui aura eu pour mobile le désir de permettre à la femme des dépenses qu'autorisent sa position sociale, sa fortune et son éducation, et que lui refuse peut-être l'avarice de son mari.

Mais que déciderions-nous si la femme, sans l'autorisation de son mari, s'était engagée à *faire* quelque chose (1142, C. N.), par exemple à faire partie d'une troupe dramatique (1)? En pareil cas nous considérerions cet engagement comme nul, tant à cause du respect dû à l'autorité maritale, qu'à cause du droit réservé au mari de s'opposer à ce que sa femme embrasse une profession quelconque sans son aveu. Il est évident, toutefois, que les magistrats auraient encore, suivant la nature de l'obligation contractée, toute espèce de latitude pour juger si cet acte dépasse ou non les limites de l'administration permise à la femme.

(1) Vivien et Blanc, n° 102.

La nécessité de l'autorisation s'applique-t-elle uniquement aux obligations résultant des contrats et non aux obligations résultant des quasi-contrats, délits, quasi-délits ou de la loi? On l'a soutenu en s'appuyant sur les textes qui parlent de contracter, passer un acte (art. 219, 221, 224 et 1124). C'est, d'ailleurs, une solution parfaitement en harmonie avec les principes et la raison. En effet, pour les engagements qui sont le résultat de la volonté des parties, la loi a bien pu les soumettre à des conditions de capacité juridique indépendantes de celles qui constituent la capacité naturelle; mais il ne doit pas en être de même des engagements que le Code reconnaît aussi et qui se forment sans convention. Et comme cette sorte d'engagement dérive plus ou moins directement de la loi, on ne peut les faire dépendre de la capacité des parties. De plus, il serait d'une injustice manifeste que la personne qui acquiert, sans son fait, une créance contre une femme mariée fût victime d'une prétendue incapacité dont elle n'a pas su se garantir. Le principe nous paraît incontestable; mais il ne faut pourtant pas l'appliquer d'une manière trop absolue. Assurément, la femme pourra, sans qu'il soit besoin d'autorisation, se trouver obligée, que l'obligation dérive de la loi, du fait d'un tiers ou d'un fait personnel constituant un délit ou un quasi-délit. Mais nous ne saurions admettre qu'elle puisse toujours, sans autorisation, s'obliger ou aliéner par un acte volontaire de sa part, lors même que cet acte ne constituerait pas un contrat. En effet, le but essentiel de l'autorisation est d'empêcher que la femme puisse, par un acte de sa seule volonté, aliéner ou s'obliger. Aussitôt que ce danger existe, le principe doit recevoir son application. C'est ainsi que la loi déclare, par une disposition expresse, la femme incapable d'accepter une succession (art. 776) ou une exécution testamentaire (art. 1029). La solution sera la même si elle a géré l'affaire d'autrui. Elle ne sera pas obligée vis-à-vis des tiers avec lesquels elle aura contracté dans l'intérêt de la gestion ; c'est ce qui résulte forcément des articles 217 et 224. Mais il nous paraît également certain qu'elle ne contracterait envers le maître de l'affaire lui-même aucune obligation, si ce n'est celle de rendre les sommes qu'elle pourrait avoir reçues en son nom. Il en serait autrement, cependant, si ces actes étaient de nature à être considérés comme des quasi-délits, l'intérêt de la femme et les légitimes exigences devant le céder à la juste protection due à des intérêts d'ordre public.

Il y a, toutefois, un quasi-contrat qui nous paraît embarrassant, c'est le paiement de l'indû. Supposons que la femme ait reçu ce qu'on ne lui devait pas. Que devra-t-elle restituer ? Sans aucun doute ce dont elle se sera enrichie ; mais ne faut-il pas aller plus loin et l'obliger à restituer la somme reçue, sans imposer au demandeur l'obligation de prouver qu'elle en a profité ? Il n'y a pas de doute, si la femme était incapable de recevoir le paiement sans autorisation, puisque cet acte n'aurait pas été valable, alors même que la dette aurait existé réellement à son profit ; mais, si elle était séparée de biens, ayant dès lors la capacité nécessaire pour recevoir le paiement, elle l'avait également pour tout ce qui pouvait en être la suite.

Il est un certain ordre d'actes pour lesquels la femme n'a besoin d'aucune autorisation. C'est ainsi que, lorsque le mari est absent ou interdit, elle peut faire librement tous les actes qui sont la conséquence de la puissance paternelle, tels que consentir au mariage de ses enfants, et les donner en adoption. Elle peut également reconnaître un enfant naturel qu'elle aurait eu avant son mariage (1). C'est là un devoir à l'accomplissement duquel la société se trouve spécialement intéressée, et on aurait empêché la femme de le remplir, si

______

(1) Art. 337, 1124, C. N.

elle n'eût pu s'en acquitter sans l'autorisation de son mari.
Elle peut de même faire son testament, car c'est un acte qui
doit être exclusivement l'œuvre de la volonté personnelle du
testateur et dont les effets ne se produisent qu'à une époque
où il n'y a plus ni mariage ni puissance maritale. Par la
même raison elle pourra révoquer soit un testament soit des
donations qu'elle a faites à son mari pendant le mariage ;
mais il en serait autrement de toute disposition qui produirait
pour la femme un engagement actuel, lors même que l'exécution en serait différée et subordonnée à son décès.

Enfin, la femme peut encore, sans être autorisée, faire
tous les actes conservatoires de son patrimoine, à la condition que, pour les accomplir, elle ne paraisse pas en justice
ou ne s'oblige pas. Ainsi, elle peut requérir la transcription
de son acte de mariage (art. 171), ou d'une donation entre
vifs (art 940), exiger l'inscription de l'hypothèque qu'elle a,
soit sur les biens de son mari, soit sur ceux d'un tiers ; faire
des protêts, des oppositions et des sommations ayant pour
but d'interrompre la prescription. Il ne faut pas que la femme soit empêchée de faire ces sortes d'actes parfois urgents,
et qui ne peuvent que lui profiter sans jamais pouvoir lui
nuire ni à elle-même, ni au mari, ni à l'autorité maritale.
Seulement, la nécessité de l'autorisation recommence dès
que la femme veut suivre les effets de cet acte devant la
justice, comme par exemple, assigner en garantie d'un
protêt fait à sa requête, ou s'il s'agit d'une surenchère, acte
dont la nature est de lui imposer des obligations qu'elle ne
peut contracter seule.

Réciproquement, les tiers pourraient faire contre la femme
des actes conservatoires, sans avoir à obtenir préalablement
l'autorisation du mari.

CHAPITRE V.

Quand et pourquoi l'autorisation tion doit être accordée.

---

§ 1. *A quel moment l'autorisation doit être donnée.*

L'autorisation maritale est donnée valablement, soit avant l'acte, soit dans l'acte lui-même ; mais peut-elle être donnée après ? Quel est l'obstacle qui s'oppose à ce qu'elle soit donnée après ? La nullité de l'acte passé par la femme ne résulte que du défaut d'autorisation. L'autorisation doit donc corriger ce vice et faire disparaître cette nullité. D'ailleurs, dans une hypothèse analogue, l'article 185 permet au mineur qui s'est marié sans le consentement de ses ascendants ou de sa famille, de proposer lui-même la nullité, pourvu que la ratification ou le consentement de la famille ou des ascendants ne l'ait point effacée. L'opinion contraire est, selon nous, plus en rapport et avec le texte de la loi et avec son esprit. En effet, l'article 217 dit très clairement que la femme ne peut faire certaines aliénations sans le concours de son mari dans l'acte ou son consentement par écrit. Par suite, si le consentement a été donné d'une manière différente, l'acte est nul et le consentement donné postérieurement ne serait autre chose qu'une ratification. Quel en serait l'effet ?

Serait-il d'effacer entièrement cette nullité ? C'est là ce qui arriverait si l'autorisation maritale était un simple hommage rendu au pouvoir du chef de la famille ; mais comme on ne saurait méconnaître que, si la loi a voulu sauvegarder ce principe, elle a entendu en même temps donner à la femme une protection, on doit trouver tout naturel que l'un et l'autre des époux aient une action distincte. Ainsi le mari, en ratifiant l'acte intervenu sans autorisation, renonce par là même, au droit qu'il a d'en faire prononcer la nullité ; mais il ne peut enlever à la femme l'action qui lui appartient, et qui forme un bien dans son patrimoine. Pour le décider autrement, il aurait fallu un texte analogue à l'art 183 qui s'en expliquât. Mais il n'y a pour notre espèce aucune disposition de ce genre, et l'exception très-formellement écrite d'ailleurs dans l'article 183, se justifie par la faveur toute spéciale du mariage. Ici au contraire, il y a à redouter les dangers d'un concert frauduleux entre le mari et les tiers intéressés au maintien d'un acte présumé préjudiciable à la femme, par suite de l'absence des garanties ordinaires.

§ II. *Dans quels cas est-on obligé de recourir à l'auto-risation de justice, et de quelle manière on l'obtient.*

A cette autre question : par qui l'autorisation est-elle donnée ? nous répondons : par le mari ou par le juge, ou plutôt par le tribunal du domicile du mari. Mais en principe l'autorisation du mari est la règle, et l'autorisation de justice est l'exception. Aussi la femme ne sera en droit de s'adresser à la justice que dans les cas spécialement déterminés par la loi, c'est-à-dire si par caprice son mari la tyrannise au lieu de la protéger, ou s'il ne peut donner son consentement (1).

____

(1) « Le mari, dit très bien Proudhon, est le délégué de la loi

La première hypothèse, celle du refus du mari, ne présente aucune difficulté. Le tribunal appréciera l'existence ou la valeur des motifs, et accordera ou refusera à la femme, suivant les circonstances, l'autorisation qu'elle demande. Il sera plus dificile de déterminer les cas où le mari se trouvera dans l'impuissance d'accorder son autorisation. Cette impuissance naturelle ou légale existera : 1° Si le mari est absent ou présumé absent, ou même non présent. Pothier n'hésite pas à dire que « la femme peut recourir à la justice, lorsque le mari est trop éloigné pour donner l'autorisation aussi promptement que le cas l'exige » (1). Pourquoi en serait-il autrement aujourd'hui? L'esprit de la loi et les nécessités de la pratique justifient notre opinion. D'ailleurs, la généralité des termes employés par le législateur dans l'article 222 l'autorise, et la prudence des magistrats est une garantie contre les abus dont on invoque le danger pour la repousser.

2° Si le mari est frappé d'une condamnation emportant peine afflictive ou infamante. Dans ce cas, il y aura le plus souvent une impossibilité matérielle et toujours une cause d'indignité entraînant une incapacité légale. Aux termes de l'article 221, il n'en sera ainsi que pendant la durée de la peine. On en conclut que le législateur a considéré cette incapacité comme purement temporaire. Dès lors, la dégradation civique, peine perpétuelle, ne saurait la produire; et on peut citer à l'appui de cette opinion l'article 34 du Code pénal qui, dans l'énumération qu'il fait des déchéances qu'entraîne la dégradation, ne mentionne pas le droit d'autorisation.

D'après l'article 221, il n'y a pas lieu de distinguer si la condamnation a été contradictoire ou si elle a été prononcée

dans l'usage du pouvoir dont elle l'a revêtu ; la puissance publique qui absorbe tous les pouvoirs peut à *fortiori* les suppléer. » Tome I. page 468.

(1) Pothier, *De la puissance du Mari*, n° 12.

par contumace. Dans ce dernier cas, le condamné ne subit pas de peine, il est vrai ; mais on considérera comme durée de la peine le temps qui s'écoulera jusqu'au jour où celle-ci sera prescrite.

3° Si le mari est mineur. Cette exception n'existait pas dans notre ancien Droit qui, dans l'autorisation, voyait surtout un hommage rendu à l'autorité maritale. Le législateur la considère comme étant aussi un acte de surveillance, et il ne veut pas, avec raison, qu'un incapable soit chargé d'autoriser un autre incapable. Mais, dans ce cas, le mari peut donner à sa femme son autorisation pour tous les actes dont il est lui-même capable. Il en est plusieurs qu'il peut faire avec l'assistance de son curateur. Or, peut-il, avec cette assistance, autoriser sa femme pour des actes de même nature ? Nous ne le croyons pas ; car le curateur lui a été donné pour ses propres affaires, mais il n'a nullement le droit de l'immiscer dans celles de sa femme et de le faire participer ainsi à l'exercice de l'autorité maritale.

4° Si le mari est interdit ; car il ne peut alors donner un consentement valable, ou bien, quoique l'article 222 ne le dise pas, lorsqu'il est placé dans une maison d'aliénés, étant privé dans ce cas de l'exercice de ses droits (loi du 30 juin 1838).

De même, bien que la loi n'ait pas prévu cette hypothèse, si le mari est pourvu d'un conseil judiciaire, il ne peut autoriser sa femme pour des actes qu'il est lui-même incapable de faire seul. Il faudra donc recourir à la justice, le mari se trouvant en réalité dans un état de demi-interdiction. Son incapacité ne disparaîtra pas par l'effet de cette circonstance qu'il se sera fait assister de son conseil pour donner l'autorisation. Il n'est pas, en effet, dans l'esprit de la loi qu'un tiers puisse venir se placer en quelque sorte entre la femme et lui. Il y a d'ailleurs une certaine analogie entre la situation légale du mari, pourvu d'un conseil judiciaire, et celle du mari mineur, émancipé par le mariage. Or, ce dernier ne peut autoriser sa femme, même avec l'assistance de son curateur. Pourquoi, dès lors, n'en serait-il pas de même dans notre espèce ?

Quand c'est à la femme qu'a été confiée la tutelle du mari interdit, elle est habile à faire seule tous les actes permis au tuteur, non-seulement pour les biens personnels du mari, mais encore pour ses propres biens, lorsque l'administration en avait été confiée à ce dernier par le contrat de mariage ; mais, dans ce deuxième cas, comme dans le premier, elle n'agit qu'en qualité de mandataire. Elle devra, d'ailleurs, en ce qui regarde ses propres biens suppléer à l'autorisation maritale pour tout ce qui excède les limites de l'administration, en s'adressant à la justice.

La femme elle-même peut être mineure ou interdite. Si elle est mineure, elle est incapable à un double titre, comme mineure et comme femme mariée. Si le mari est majeur, il est de droit curateur de sa femme ; il ne s'élevera donc pas de difficulté, car il l'assistera comme curateur en même temps qu'il l'autorisera comme mari. S'il est mineur ou s'il ne peut, ou ne veut, par tout autre motif, donner son autorisation, le tribunal nommera à la femme un curateur. Lorsque la femme est interdite, il nous faut encore distinguer : Le mari est-il tuteur ? On appliquera alors les règles ordinaires de la tutelle ; mais il peut se faire qu'il ait été excusé, exclu ou destitué. Le tiers, chargé de la tutelle, pourra sans aucun doute faire seul, comme mandataire légal de la femme, tous les actes que celle-ci aurait pu accomplir librement avant son interdiction, soit en vertu du contrat de mariage, soit par suite d'une séparation de biens judiciaire ; mais devra-t-il requérir l'autorisation du mari dans les cas où la femme aurait dû la requérir elle-même ? Si on considérait cette condition comme inutile ce serait aller contre le vœu de la loi, qui fait du mari le directeur suprême des intérêts de la famille, et le rendre étranger à l'administration des biens de la femme. Mais ces raisons-là ne nous paraissent pas déterminantes, et l'art. 509 ne fait aucune exception. Par suite, nous n'en devons pas admettre, car le pouvoir du tuteur pourrait se trouver en conflit avec une autorité souvent rivale. Evidemment, la loi, en établissant la nécessité de l'autorisation, supposait que la femme jouissait de sa raison et agissait par elle-même. D'ailleurs, la liberté laissée au tuteur ne peut en rien porter atteinte à la dignité du mari. D'une part, la femme n'est pas personnellement en jeu, et d'autre part, les intérêts de la famille, aussi bien que ceux de la femme, sont sauvegardés par toutes les garanties dont la loi entoure les interdits ordinaires.

Il peut arriver que le mari soit personnellement intéressé à l'acte pour lequel son autorisation est nécessaire. Peut-il, dans ce cas, la donner, ou bien la femme devra-t-elle s'adresser à la justice ?

L'hypothèse la plus embarrassante est celle où le mari contracte directement avec sa femme. Comment se fait-il que son autorisation puisse suffire, disent les partisans d'un premier système ? N'exiger aucune autre garantie, n'est-ce pas rendre complétement illusoire la protection que la femme doit attendre de son mari ? N'est-ce pas livrer toute la fortune de la femme au bon plaisir du mari, légitimer tous les abus de l'autorité maritale? D'un autre côté, on cite la règle : *nemo potest esse auctor in rem suam* (1) parfaitement justifiée du reste par les dispositions des art. 1558 et 2144 dans lesquels, précisément parce que le mari peut avoir un intérêt opposé à celui de sa femme, la loi ne se contente pas de l'autorisation du mari, et veut de plus l'intervention de la justice.

Nous reconnaissons volontiers que cette première opinion semble la meilleure aux yeux de la raison ; mais nous ne la

(1) Inst., Lib 1. tit., 21, § 3.

croyons pas fondée en droit. Que dit en effet l'art. 217? que la femme ne peut donner, aliéner sans le concours du mari ou son consentement par écrit. Ainsi quand les actes que la femme peut faire réunissent les conditions voulues par la loi, ils sont parfaitement valables. D'ailleurs, l'autorisation maritale est la règle et les art. 219, 221, 222, 224, qui déterminent dans quels cas exceptionnels on doit recourir à la justice, ne mentionnent pas l'hypothèse qui nous occupe. Nous pourrions même, à l'appui de notre opinion, rapprocher de l'art. 217, un texte qui est aujourd'hui abrogé, il est vrai, mais qui n'en démontre pas moins que la maxime que l'on invoque n'est nullement dans l'esprit de la loi. C'est l'art. 1er du décret du 17 mars 1809, aux termes duquel la femme mariée peut constituer en majorat, en faveur de son mari et de leurs descendants communs, les biens à elle propres, sans qu'il soit besoin d'autre autorisation que de celle requise par l'art. 217 du Code civil. Nos Coutumes repoussaient aussi presque universellement, dans l'espèce qui nous occupe, l'application de la maxime invoquée par les défenseurs de l'opinion contraire, et, s'il y avait contestation entre les commentateurs, ce n'était que sur la question de savoir si l'autorisation du mari devait être donnée formellement. Le système que nous combattons ne trouve donc pas sa justification dans nos traditions: il n'est pas davantage consacré dans notre Droit actuel; et si les art. 1558 et 2144 exigent l'intervention de l'autorité judiciaire, c'est par des raisons particulières aux espèces qu'ils prévoient, mais qui n'ont rien de commun avec les principes du pouvoir marital.

Il n'y a qu'un cas où la maxime *nemo potest esse auctor in rem suam* deviendrait applicable dans les rapports du mari avec la femme : c'est celui où le mari traiterait avec sa femme mineure une affaire pour laquelle celle-ci aurait besoin de l'assistance d'un curateur. D'ailleurs, il n'y aurait dans ce résultat rien d'exceptionnel, car ce n'est pas dans le titre de mari, mais dans celui de curateur que se trouvera la cause de l'incapacité.

Notre solution doit être la même si nous nous plaçons maintenant dans l'hypothèse où le mari, bien que n'étant pas partie principale dans l'acte que passe la femme, s'y trouve personnellement intéressé. La présence d'un tiers sauvegarde en effet, dans une certaine mesure, la liberté de la femme. Le Droit romain n'étendait pas cette règle : *nemo potest esse auctor in rem suam* au cas où celui qui assiste un incapable ne doit profiter qu'indirectement de l'acte consenti par celui ci (lois 1 et 7, *de auct. et cons. tutoris*), et nos art. 1419 et 1431 reconnaissent formellement la validité d'une obligation contractée par la femme avec le consentement et dans l'intérêt de son mari.

La seule véritable question est donc ici de savoir si les contrats sont permis entre époux.

Nous allons démontrer que le Code Napoléon permet, en règle générale, les contrats entre époux, excepté ceux qu'il a spécialement défendus. En effet, l'art. 1125 ne déclare pas la femme incapable de contracter avec son mari. D'autre part l'art. 217, l'habilite à faire toute espèce d'actes avec l'autorisation de son mari ; or, ici encore les contrats qu'elle peut faire avec son mari sont donc compris dans la règle générale. Beaucoup d'autres textes du Code Napoléon reconnaissent d'ailleurs la capacité respective des époux pour certains contrats. On oppose à ce système certaines considérations qui peuvent paraître graves. Mais lorsqu'on remarque les précautions que le législateur a prises pour modifier le caractère de ceux qu'il était désirable de permettre entre époux et les entourer de garanties, on ne peut mieux faire que d'applaudir à sa sagesse (1).

Ainsi, en général la femme peut toujours demander à la

(1) 1096, 1097, 1435, 1451, 1577, 1595. C. N.

justice l'autorisation que son mari ne veut ou ne peut lui donner. Il est cependant certains cas dans lesquels rien ne peut remplacer le consentement du mari. Lui seul en effet a le droit d'autoriser la femme :

1° A accepter la charge d'exécuteur testamentaire (art. 1029) à moins, d'après l'article, que sa femme ne soit séparée de biens, auquel cas la justice pourra suppléer au refus du mari. Cette restriction nous fait voir la pensée de la loi. L'exception que consacre cet article a été établie uniquement en considération des héritiers, qui n'ayant pas choisi l'exécuteur testamentaire, doivent trouver au moins dans sa responsabilité personnelle des garanties de la bonne exécution de son mandat. Si la femme est séparée de biens, sa fortune entière répondra de sa gestion, tandis qu'ordinairement, sous tout autre régime, la garantie accordée aux héritiers serait illusoire, leur action ne pouvant porter que sur la nue-propriété de ses biens (art. 1415, 1426).

On pourrait étendre cette restriction de l'art. 1029 au cas où la femme, mariée sous le régime dotal, aurait des biens paraphernaux, car il s'agit de l'intérêt des héritiers, et la justice doit pouvoir apprécier s'il n'y a pas pour eux dans l'importance des biens paraphernaux des garanties suffisantes.

2° A aliéner ses biens dotaux pour l'établissement des enfants communs, lorsqu'elle est mariée sous le régime dotal (art. 1556). En effet, le mari, qui doit subvenir aux besoins du ménage, sait mieux que personne dans quelle mesure peuvent être réduits les revenus destinés à cet emploi, et son affection pour ses enfants garantit suffisamment qu'il ne s'opposera jamais, sans de graves motifs, aux libéralités de la femme. S'agit-il de doter les enfants d'un premier lit, le mari, guidé par son intérêt personnel, peut refuser son autorisation. Alors la femme pourra en appeler à la justice du refus de son mari et se faire donner par elle l'autorisation dont elle a besoin.

5° A faire le commerce. Aux termes de l'art. 4 Cod. Com., la femme ne peut être marchande publique sans le consentement de son mari. C'est là une disposition absolue. Le consentement du mari est en effet la règle ; et les articles du Code, qui mentionnent les cas exceptionnels dans lesquels la justice pourra y suppléer, supposent qu'il s'agit pour la femme d'ester en jugement, de contracter, mais jamais de faire le commerce. C'est qu'en effet il n'est plus question d'un acte déterminé, dont on peut prévoir les suites et calculer les conséquences, mais d'un ensemble d'opérations indéfini, exposant aux plus graves dangers la fortune de la femme et pouvant la soumettre elle-même à la contrainte par corps. Il importe donc au mari que la femme n'embrasse pas, sans qu'il y ait donné son consentement, une profession qui va la soustraire, sous certains rapports, à son autorité.

Le Code Napoléon ne réglait la forme de procéder que pour obtenir l'autorisation de justice à l'effet de passer un acte. Quant à l'autorisation pour ester en jugement, il n'en déterminait pas la forme. Il y avait là une lacune que l'article 861 (C. Proc.) a eu précisément pour but de combler.

La procédure, indiquée par ce dernier article, n'est pas tout à fait la même que celle qui est tracée par l'art. 219. En effet, tandis que l'art. 219 veut que le mari soit cité directement par-devant le tribunal, en la chambre du Conseil, l'art. 861 (C. Proc.) veut qu'il soit fait préalablement une sommation au mari avant de le citer. Aussi, plusieurs auteurs ont-ils voulu établir, pour la procédure à suivre dans ces deux hypothèses, une distinction à laquelle se prête assurément le texte de ces articles, mais que rien, il faut le reconnaître, ne viendrait justifier. Cette opinion a été d'ailleurs repoussée dans la pratique, et on applique, dans tous les cas, les dispositions de l'article 861. Le mari devra donc, quel que soit l'acte dont il s'agira, être mis en demeure de

donner son autorisation. En cas de refus de sa part, il sera
appelé devant le tribunal pour en déduire les causes.

Si le mari est absent ou incapable, il n'y aura pas lieu
de lui faire une sommation, car cet acte n'aurait plus
d'objet.

L'article 863, prévoyant la première de ces hypothèses,
exige seulement que la femme présente requête au président
du tribunal. Ce magistrat ordonnera la communication au
ministère public et commettra un juge pour faire son rapport au jour indiqué. Si le mari est interdit, s'il est mineur,
s'il est frappé d'une peine afflictive et infamante, bien que
la loi garde le silence sur la dernière situation, la procédure
est la même. Dans tous les cas, la femme doit joindre à sa
requête les pièces qui prouvent l'impossibilité où est le mari
d'autoriser.

Les articles 218 et 219 du Code civil et l'article 861 du
Code de Procédure ne disent ni l'un ni l'autre quels seront
les juges compétents. Mais il parait rationnel de décider que
l'action de la femme devra être portée au tribunal du domicile commun. Celui-là peut, mieux que tout autre, apprécier
la position. Cette procédure, ainsi commencée, devra se
continuer jusqu'à son dénoûment dans la chambre du conseil. Sans doute, les plaidoiries doivent être publiques ; le
procureur impérial doit être entendu à l'audience, et les ju-
gements doivent aussi y être prononcés. Mais ici il y a une
dérogation aux principes ordinaires, laquelle nous semble
résulter du texte même, de ses motifs et des déclarations des
orateurs du gouvernement. Le tribunal, appelé à statuer
sur la demande de la femme, accorde ou refuse son autorisation. Ayant le droit de la refuser, il a celui de ne la donner que sous certaines conditions. La décision une fois prise,
les époux pourront l'un et l'autre en appeler. D'ailleurs,
cette voie de recours est ouverte aux parties toutes les fois
que la loi ne l'a pas spécialement interdite. Devant la Cour,

il sera procédé comme devant le tribunal en la chambre du
conseil, car les règles établies pour les tribunaux inférieurs
doivent être observées devant les Cours d'appel. Du reste,
les motifs qui ont fait établir une procédure spéciale pour
ce genre d'instance conservent toute leur force, quelle que
soit la juridiction devant laquelle le procès est porté.

Si la femme est autorisée de justice à plaider devant un
tribunal de première instance, il lui faudra une autorisation
nouvelle pour interjeter appel ou se pourvoir en cassation.
Il y a ici même raison que pour l'autorisation primitive.
Mais quelle sera, dans cette hypothèse, la juridiction à
laquelle devra être demandée l'autorisation ? S'il s'agit de
trancher appel d'un jugement du tribunal de première instance, la femme s'adressera à la Cour qui doit connaitre de
l'appel. De même, si elle veut former un pourvoi en cassation, elle s'adressera à la Cour de cassation. Cette solution
est très-juste. Avant d'accorder ou de refuser, les magistrats
doivent examiner les chances de succès que la femme peut
avoir dans l'instance qu'elle se propose d'entamer. On ne
peut d'ailleurs confier cette appréciation aux juges mêmes
dont il s'agit d'attaquer la décision. Si le jugement qu'on
veut frapper d'appel émane d'un autre tribunal que celui
dans le ressort duquel se trouve le domicile du mari, et que
la femme demande son autorisation au dernier tribunal, il
peut en résulter une appréciation de la décision, ce qui constituera une sorte de contrôle d'une juridiction sur une autre
juridiction de même ordre. Néanmoins tel n'est pas le principe admis par la jurisprudence de la Cour de cassation.
D'après la Cour souveraine, la femme, qui veut se pourvoir
contre un arrèt, est valablemant autorisée à cet effet par le
tribunal du domicile de son mari (27 mai 1846).

Jusqu'ici nous avons supposé que la femme était demanderesse. Mais qu'arriverait-il si l'action était, au contraire,
dirigée contre elle ? La position serait différente. Outre l'in-

térêt de la puissance maritale, il y a là l'intérêt d'un tiers, et il ne saurait dépendre de la femme en s'abstenant de demander l'autorisation, ou du mari en la refusant, de paralyser l'exercice des droits de l'adversaire. « En ce qui regarde ce dernier, disait M. Berlier dans l'exposé des motifs, cette autorisation n'est qu'une simple formalité que la justice supplée quand le mari la refuse (1). » Aussi n'y a-t-il ni débat ni instance préalable sur ce point. Le tiers qui assigne la femme assigne également le mari à l'effet de l'autoriser. Si le mari refuse d'autoriser sa femme ou fait défaut, le tribunal, sur les conclusions de la partie adverse, autorise d'office la femme en même temps qu'il juge le fond du procès.

Il est certain, d'ailleurs, que l'autorisation de justice doit être donnée spécialement comme celle du mari pour tel acte ou pour tel procès déterminé. Il faudra encore qu'elle soit antérieure ou du moins concomitante à l'acte auquel elle s'applique. La femme qui veut ratifier un acte fait sans l'autorisation de son mari, et qui, en cas de refus de celui-ci, obtient, à cet effet, l'autorisation de la justice, peut bien renoncer à l'action en nullité qui lui appartenait de son chef; mais cette ratification ne mettra pas l'acte à l'abri des attaques du mari ; celui-ci a en effet une action personnelle et distincte, et il ne peut pas être au pouvoir de la femme de la lui enlever. Assurément cette doctrine-là présente des dangers. Il y a de l'incertitude, des longueurs, des frais considérables ; mais cette situation est précisément la sanction utile et essentielle du principe de l'autorisation, et le système contraire aurait pour conséquence d'encourager l'insubordination et l'indiscipline. La femme ayant, en effet, l'espoir d'obtenir de la justice la ratification d'un acte qu'elle aurait fait sans autorisation, serait très-heureuse d'avoir trouvé ce moyen de désarmer l'autorité maritale.

(1) Locré, Législ. Civ., tit. 23, p. 151.

CHAPITRE VI.

Quels sont les effets, soit de l'autorisation, soit du défaut d'autorisation.

§ 1er. *Effets de l'Autorisation.*

L'autorisation produit des effets et à l'égard du mari et à l'égard de la femme. *A l'égard de la femme*, sa capacité est aussi complète lorsqu'elle l'a obtenue que si elle n'avait jamais été mariée. Elle ne peut donc attaquer l'acte qu'elle a été autorisée à passer, en soutenant que l'autorisation lui a été donnée contrairement à ses intérêts.

Mais, pour qu'il en soit ainsi, il faut qu'elle reste dans les limites de l'autorisation, et il est souvent difficile de déterminer l'étendue des pouvoirs qui lui ont été conférés. Ainsi la femme a été autorisée d'une manière générale à soutenir ou à entreprendre un procès, sans que l'on ait désigné spécialement le degré de juridiction devant lequel l'affaire doit être portée. Elle ne saurait s'en prévaloir pour employer quelqu'une des voies ordinaires ou extraordinaires établies par la loi. Chaque décision intervenue peut en effet changer le caractère de l'affaire, annuler les chances de succès ; et la femme ne serait pas suffisamment protégée si le mari n'était pas consulté chaque fois.

La femme a été autorisée à ester en justice ; elle pourra en vertu de cette autorisation faire tous les actes qui seront la suite de l'acte principal qui aura nécessité la demande en autorisation. Mais cette même autorisation ne lui donnera pas le droit de transiger, d'acquiescer ou de compromettre. Car, en donnant à la femme des pouvoirs aussi étendus, le mari semblerait renoncer à se servir des droits que la loi lui confère. La même raison empêcherait la femme, munie d'une pareille autorisation, de déférer à son adversaire le serment décisoire, car ce serait en réalité transiger. On ne pourrait davantage lui déférer le serment à elle-même, car, comme elle ne peut le référer, elle ne se trouverait pas dans une position égale à celle de son adversaire. Cette difficulté ne se présentera pas pour le serment supplétoire. Aussi, la femme pourrait-elle le prêter sans avoir besoin de demander une nouvelle autorisation à cet effet.

L'autorisation dont les effets sont les plus étendus est celle qui donne à la femme la capacité nécessaire pour faire le commerce. Elle l'habilite, en effet, à s'obliger librement pour tout ce qui concerne son négoce (art. 220). Elle lui permet même d'engager, d'hypothéquer ou d'aliéner ses immeubles, à moins qu'elle ne soit mariée sous le régime dotal, et qu'il ne s'agisse de biens dotaux (art. 7, C. Com.). Il n'est donc pas nécessaire que ces divers engagements constituent des actes de commerce ; il suffit qu'ils concernent le négoce auquel la femme se livre. Quelle que soit l'étendue de cette capacité, on ne doit cependant pas l'exagérer. Il était admis, dans l'ancien Droit, que la femme marchande publique pouvait, sans une autorisation spéciale, intenter ou soutenir un procès ; mais aujourd'hui il n'en est plus de même. L'indépendance de la femme a été nécessitée, pour

les actes extra-judiciaires, par la multiplicité des affaires
commerciales et la célérité qu'elles exigent. Quant aux actes
judiciaires, il a paru juste de rentrer dans le droit commun,
car il n'y a pas même raison.

Nous venons de dire que la femme marchande publique
pouvait contracter sans autorisation tout engagement concer-
nant son commerce. Mais comment saura-t-on le véritable
caractère de ces actes ? Est-ce à la femme, demandant la
nullité du contrat, à prouver que l'obligation qu'elle a contractée n'intéressait nullement son commerce ? Est-ce, au
contraire, au tiers avec lequel elle a contracté à faire la
preuve inverse ? Ecartons d'abord les actes qui sont com-
merciaux par leur nature et auxquels leur forme attribue, par
elle seule, une cause commerciale, tels que les lettres de
change et les billets à ordre. Nous admettrons ensuite une
autre présomption, si dans l'acte même la femme a déclaré
qu'elle agit dans l'intérêt de son négoce. Mais que devra-t-on
décider, lorsque l'acte ne rentrera pas dans l'une des catégo-
ries que nous venons d'énumérer ? La règle générale, d'après
un premier système, consacre l'incapacité de la femme. Ce
n'est que par exception que la loi permet à celle-ci, lorsqu'elle est marchande publique, de contracter pour ce qui
concerne son négoce. C'est donc aux tiers qui prétendent
se trouver dans l'exception, à prouver qu'ils y sont en effet.
Une autre opinion, que nous croyons meilleure, s'appuie sur
l'article 638 C. Com. qui porte que « les billets souscrits par
un négociant seront censés faits pour son commerce ». Quel
est le motif de cette présomption ? c'est que le commerce est
la principale affaire de ceux qui le font ; que pour le faire, il
faut des capitaux, et, que par suite, il est très vraisemblablé
que la cause des billets souscrits par un commerçant pro-
vient des besoins de son commerce. Or, l'article s'explique
d'une manière générale ; la femme est commerçante ; les
mêmes motifs reçoivent leur application. On emploiera donc

pour les billets souscrits par elle la même présomption. Nous appliquerons la même solution aux obligations notariées et aux ventes d'immeubles. La marchande publique peut s'obliger sans autorisation spéciale, hypothéquer ses immeubles ou les aliéner. Ne serait-ce pas rendre ce droit illusoire que d'obliger les tiers à prouver que l'obligation notariée ou la vente consentie par la femme a eu pour cause les besoins de son commerce ? Le plus souvent, ils ne pourraient se procurer cette preuve : le secret essentiel aux opérations commerciales empêcherait fort souvent la femme de la fournir ; et enfin, on ne trouverait personne qui consentit à s'exposer, en contractant avec elle, à un danger presque certain.

Quoiqu'une autorisation générale suffise pour habiliter la femme à faire tous actes de commerce, on peut toutefois se demander si cette autorisation ne doit pas avoir, même dans ce cas, une certaine spécialité ; si, par exemple, elle ne doit pas indiquer la branche d'industrie que la femme pourra exercer. Il paraîtrait fort raisonnable de se prononcer dans le sens de l'affirmative, car la femme peut être propre à tel genre de commerce et fort impropre à tel autre. Il y aurait d'ailleurs, dans l'autorisation de faire le commerce, une autorisation vague qui offrirait beaucoup de danger. Néanmoins, comme il nous paraît difficile de décider en principe que l'autorisation devra être spéciale, on fera bien de tenir compte des faits et des circonstances. Ordinairement, la femme exploitera un genre de commerce spécial, et les termes indéterminés de l'autorisation auront alors reçu en fait une application particulière que l'on devra respecter ; mais s'il n'en est pas ainsi, et, si elle fait des actes de commerce de toute nature, elle se trouvera suffisamment habilitée par cette autorisation. Le texte n'exige pas d'autre condition, et l'intérêt des tiers, aussi bien que la sincérité nécessaire au commerce, ne permettent pas qu'il en soit autrement.

A l'égard du mari, l'autorisation n'engendre pas par elle-même d'obligation personnelle. Il n'est pas responsable envers sa femme de l'utilité de l'acte qu'il a autorisé, ni de l'opportunité de son autorisation. De là, cette maxime : « *qui auctor est non se obligat* (1) », qui peut cependant se trouver modifiée par l'effet des conventions matrimoniales. Ainsi, lorsque les époux sont mariés sous le régime de la communauté légale ou conventionnelle, le mari est tenu de toutes les obligations contractées par la femme qu'il a autorisée, soit parce que la communauté fait naturellement présumer que les engagements contractés par la femme intéressent les deux époux, soit parce qu'il était à craindre que le mari n'usât de son influence pour agir toujours sous le nom de sa femme et pour l'obliger seule vis-à-vis des tiers, dans des opérations qui auraient profité cependant à la communauté. Toutefois cette règle ne pouvait être absolue : elle devait disparaître avec les motifs qui l'avaient inspirée. Aussi, voyons-nous le Code, dans les articles 1412 et 1432, décider que le mari, autorisant sa femme à accepter une succession purement immobilière ou à aliéner ses biens propres, ne contracte aucune obligation. Il est évident, du reste, que, dans ces deux cas, la femme se trouve seule intéressée.

Mais comment le mari sera-t-il tenu des dettes contractées par sa femme avec son autorisation ? Il sera tenu de toute la dette, seulement l'obligation à laquelle il est soumis n'a pas un caractère aussi rigoureux que celle de la femme, en ce sens que, pour les actes de commerce, il ne sera pas soumis, comme elle, à la contrainte par corps.

Sous tous les régimes qui donnent au chef de famille la jouissance des biens de la femme, l'autorisation produit encore certains effets à l'égard du mari. En effet, le consentement qu'il donne sans aucune réserve, fait supposer de sa

(1) Loi 26. Code de administ., tut. vel. curat.

part, s'il s'agit d'aliénation, l'abandon de son usufruit sur le bien aliéné, et dans tous les autres cas, l'engagement tacite de ne pas opposer ce droit à ceux que l'acte a rendus créanciers de sa femme.

Quant à l'autorisation de justice, la règle générale est qu'elle ne peut point préjudicier au mari. Donc, non—seulement les actes passés par la femme ou les condamnations prononcées contre elle ne confèrent, en ce cas, aux tiers aucun droit de poursuite sur les biens de la communauté, ni sur ceux du mari ; mais la jouissance même des biens personnels doit être respectée dans ses mains, et les tiers n'ont d'action que sur la nue-propriété. Ce principe souffre cependant quelques exceptions. Ainsi, la femme peut, avec l'autorisation de justice, engager les biens de la communauté, pour tirer le mari de prison. Il peut se faire que, par un sentiment d'intérêt mal entendu ou par excès de délicatesse, celui—ci s'obstine à rester sous le coup de la contrainte par corps, tandis qu'il lui serait facile de s'entendre avec son créancier. C'est pourquoi, dans l'intérêt de la famille, la loi a voulu mettre la femme à même de triompher de cette résistance. Elle a également le droit, en cas d'absence du mari, d'engager pour l'établissement des enfants communs, les biens de la communauté, avec l'autorisation de la justice. Elle est censée alors faire de ces biens l'emploi que le mari en aurait fait lui-même. Ces deux cas, prévus par l'art. 1427, ne sont donnés d'ailleurs qu'à titre d'exemple, et nous admettons pour des hypothèses analogues la même solution.

§ II. *Effets du défaut d'autorisation.*

Le défaut d'autorisation rend l'acte nul. Mais le caractère de cette nullité n'est plus ce qu'il était dans notre ancien Droit. Elle était autrefois absolue et pouvait être proposée par ceux-là mêmes qui avaient contracté avec la femme. *La femme, dit Pothier, n'était pas même obligée de se faire restituer ; c'était comme si elle n'avait pas contracté : elle était dans le lien d'une interdiction absolue* (1). Dans notre Droit actuel, au contraire, ce n'est plus qu'une nullité relative, susceptible de confirmation ou de ratification, et qui ne peut être proposée que pendant un certain temps et par certaines personnes.

C'est par ce caractère que s'explique la restriction, apportée dans l'article 1125 à l'action de la femme mariée : « Le mineur, l'interdit et la femme mariée ne peuvent attaquer, pour cause d'incapacité, leurs engagements, que dans les cas prévus par la loi. »

Quelles sont les personnes auxquelles la loi confie l'exercice de cette action ? Ce sont celles énumérées dans l'art. 225, c'est-à-dire la femme, le mari ou leurs héritiers. Ainsi la femme qui n'aura pas été entourée de la protection que la loi veut lui assurer sera admise à agir en nullité, parce que la sanction la plus efficace d'une incapacité consiste précisément dans le droit de l'incapable de s'en prévaloir lui-même contre les tiers. Le mari également aura un intérêt à agir en nullité, parce que son autorité a été méconnue et que le patrimoine de la famille a pu être compromis. En ce qui concerne les héritiers de la femme, c'est une action comme une autre qu'ils trouvent dans la succession de leur auteur. Il est plus difficile de justifier l'action vis-a-vis des héritiers du mari. Comment et à quel titre l'exerceront-ils ? Sera-ce dans l'intérêt de l'autorité maritale ? Mais cette autorité n'a pas survécu au mariage ! Sera-ce dans l'intérêt collectif des deux époux ? Mais il n'y a plus ni époux, ni intérêts matrimoniaux ! Dès lors ne serait-on pas en droit de les repous-

____

(1) Pothier. Puissance du mari. Int. à la Cout. d'Orléans, tit. 10, chap. 8.

ser en invoquant ce principe qu'il n'y a pas d'action là où on ne trouve pas d'intérêt ? Il en sera ainsi, en effet, toutes les fois qu'ils n'auront pas un intérêt pécuniaire à demander la nullité de l'acte, et c'est là, il faut le reconnaître, ce qui aura lieu le plus souvent. M. Marcadé pense que les héritiers du mari auraient cet intérêt si la femme avait renoncé sans autorisation à une succession mobilière qui devait tomber dans la communauté. Mais les héritiers de la femme ne pourraient-ils pas au même titre provoquer la nullité de la renonciation ? Aussi au milieu de toutes ces obscurités, nous penchons à croire que les mots « leurs héritiers » ont été employés par l'article, moins à dessein que par inadvertance.

Le mari lui-même aura-t-il toujours le droit d'exercer son action ? Ici une distinction nous semble nécessaire. Tant que le mariage dure, il n'a besoin d'appuyer son action sur aucun autre motif que sur celui de sa dignité blessée, de son autorité méconnue ; peu importe qu'il y ait ou non un intérêt pécuniaire. Mais quand le mariage est dissous, l'intérêt moral qu'il avait a disparu, et on ne peut accorder au mari survivant le droit de faire annuler sans aucun but les droits de sa femme non autorisée. Il n'y aurait qu'un cas où il pourrait avoir à la nullité de ces actes un intérêt pécuniaire, c'est celui où ces actes porteraient sur des biens dont il avait le droit de jouir et qu'on a soustraits à sa jouissance en les transportant à un tiers. La femme, au contraire, par cela seul qu'elle n'a pas été autorisée, est présumée de droit avoir éprouvé une lésion ; aussi ne peut-on limiter l'exercice de son action.

Il n'est nullement question des créanciers dans l'énumération de l'art. 225. Peuvent-ils, en s'appuyant sur l'article 1166, exercer l'action en nullité qui appartient soit à la femme, soit au mari ? Non, répondent certains auteurs. Les termes de l'article 225 sont essentiellement limitatifs ; il s'agit donc d'un de ces droits, exclusivement attachés à la personne dont l'article 1166 refuse l'exercice aux créanciers. La femme peut se croire obligée en conscience à tenir son engagement ; et qui mieux qu'elle peut être établi juge de cette question !

Quelque respectables que puissent être ces scrupules, la loi ne les met pas au-dessus de l'intérêt des créanciers. Nous en voyons d'ailleurs un exemple en matière de prescription (art. 2225). Ainsi la règle générale est que les créanciers peuvent exercer tous les droits et actions de leur débiteur, et ce n'est que par exception que la loi leur refuse l'exercice des droits exclusivement attachés à la personne. D'ailleurs, il était parfaitement inutile que l'article 225 accordât expressément une action aux créanciers de la femme, car l'application du droit commun semblait ici toute naturelle, puisque dans l'espèce cette action en nullité n'a rien de personnel. Enfin, comme elle se trouve dans le patrimoine de la femme et qu'à ce titre elle peut être exercée par tous les héritiers sans distinction, pourquoi n'appartiendrait-elle pas également aux créanciers ?

On concevrait plutôt que l'exercice de cette action en nullité fût refusé aux créanciers du mari, parce que cette action de sa part n'est pas, en général, fondée sur un intérêt pécuniaire, mais bien sur un droit exclusivement attaché à sa personne, sur son droit de puissance maritale.

A la différence des créanciers de la femme, celui qui a cautionné son obligation ne saurait en proposer la nullité : nos anciens auteurs, il est vrai, professaient autrefois le sentiment contraire (1). Mais il n'en est plus de même aujourd'hui que cette nullité est devenue purement relative. Le Code considère, en effet, comme valable le cautionnement d'une obligation annulable (art. 2012), et la caution pourra

____

(1) Pothier. Oblig., n° 396.

d'autant moins faire valoir la nullité de l'acte, que le plus souvent le créancier n'aura exigé son intervention que pour se garantir contre le danger de voir annuler l'obligation principale.

Les tiers, qui ont contracté avec la femme, ne peuvent, en aucun cas, se prévaloir de la nullité qu'entraîne le défaut d'autorisation. Les raisons, qui ont fait édicter l'incapacité de la femme, leur sont en effet complétement étrangères, et ils se sont d'ailleurs, en contractant, soumis volontairement à toutes les conséquences de cette incapacité. Ils sont tous tenus aussi valablement que s'ils avaient contracté avec une personne capable, tandis que la femme pourra toujours, au contraire, opter suivant son plus grand intérêt entre la validité ou l'annulation de son engagement.

On peut cependant se demander à bon droit, si celui qui a contracté avec la femme ne pourra, dans aucun cas, en exécutant son obligation, exiger quelque garantie contre les chances dont il est menacé. La femme a vendu un immeuble sans autorisation, et elle en réclame le prix. L'acheteur pourra-t-il lui faire cette réponse, qu'il ne paiera qu'autant qu'elle aura été autorisée à recevoir ou qu'elle fournira caution ? Il en aura le droit, car, en agissant ainsi, il ne propose pas la nullité ; il se reconnaît valablement obligé ; mais il invoque ce principe d'équité, que nul ne peut s'enrichir aux dépens d'autrui, pour refuser de livrer sans garantie le prix d'achat à la femme, alors que celle-ci pourra plus tard annuler le contrat et reprendre ce qu'elle aura donné elle-même. Cette solution n'efface pas d'ailleurs l'inégalité qui existe entre les parties, puisque le sort du contrat n'en reste pas moins à la discrétion de la femme.

M. Demolombe prétend que l'on pourrait aller plus loin, et que l'on pourrait interpeller la femme ou ses représentants d'avoir à prendre parti entre la nullité ou la validité du contrat. Nous ne saurions admettre une pareille solution.

En effet, que demande le tiers ? La nullité du contrat ? Il n'en a pas le droit. La validité ? Mais il l'a déjà. Supposons que le tribunal indique, comme on le veut, un délai dans lequel les époux auront à se prononcer, et que ceux-ci refusent de le faire, qu'arrivera-t-il ? Ou bien le tribunal annulera le contrat, et alors la loi sera violée, car ce sera le tiers qui aura fait prononcer l'annulation ; ou bien le tribunal le validera. Mais alors voilà une ratification forcée, et on crée ainsi un nouveau mode de confirmation, que la loi n'a prévu nulle part. Il y a plus ; l'art 1304 a déterminé la durée de l'action en nullité. Pendant ce temps, la femme peut prendre un parti différent de celui qu'elle avait pris auparavant ; et, dès lors, de quel droit viendrait-on abréger le temps qu'elle a pour délibérer ? *Nemo invitus agere cogetur*.

Le principe que les tiers ne peuvent proposer la nullité fondée sur le défaut d'autorisation est absolu. Certains auteurs ont voulu cependant établir une exception pour la donation acceptée par la femme non autorisée ; ils permettent dans ce cas au donateur d'invoquer la nullité. Voici leur raisonnement : Dans l'ancien Droit la nullité absolue ne faisait aucun doute, car l'art. 9 de l'ordonnance de 1731 était formel. De plus la donation entre vifs est un acte solennel, qui n'existe à l'égard de toute personne qu'après l'accomplissement de toutes les formalités requises par la loi. Or, l'acceptation est une de ces formalités les plus essentielles, puisque les articles qui en déterminent le mode sont placés précisément dans la section intitulée : *De la forme des donations entre vifs*. Et si c'est à une femme mariée que la donation est faite, celle-ci ne pourra l'accepter si elle n'est pas autorisée. Ainsi lorsque la femme ne se sera pas soumise à cette condition, que la loi lui impose, la donation sera nulle, comme n'ayant pas été dûment acceptée.

Cette théorie-là confond deux choses tout à fait distinctes.

Autre chose est la forme de l'acte, autre chose la capacité des parties. L'acte notarié, avec minute, l'acceptation en termes exprès constituent les conditions de forme. Il reste donc une question de capacité personnelle qui en diffère essentiellement. Il est vrai que la section qui renferme nos art. 934-935 est intitulée : *De la forme des donations entre vifs ;* mais les arguments tirés de la distribution des matières dans le Code Napoléon sont souvent bien périlleux ! D'ailleurs, il ne s'agit pas uniquement dans notre section des questions de forme ; il s'agit encore des conditions sous lesquelles les biens peuvent être donnés et même de la clause de retour. Aussi, pour résoudre la question, devons-nous nous en référer aux art. 225 et 1125 qui font de cette nullité une nullité purement relative. L'application de ces articles est ici d'autant plus logique que l'art. 934, qu'invoquent les partisans du système adverse, renvoie lui-même aux art. 217 et 219 qui se lient nécessairement à l'art. 225.

Il n'y a pas en principe à distinguer si le tiers, qui a traité avec la femme, était ou non de bonne foi. Le texte de l'art. 1125 est général. Si cependant la femme avait employé des manœuvres frauduleuses pour faire croire à sa capacité, elle se trouverait valablement engagée, non pas en vertu du contrat, mais en vertu du délit ou du quasi-délit dont elle se serait rendue coupable. Quant à la nature de l'erreur qui peut rendre le tiers excusable, elle ne saurait être précisée d'avance ; c'est une question de fait que les magistrats apprécieront. Il est certain toutefois que la simple déclaration faite par la femme qu'elle n'est pas mariée ne saurait suffire pour couvrir la nullité de ses actes. Si l'on n'étendait pas ainsi à notre hypothèse la règle que l'art. 1307 pose pour le mineur, l'incapacité de la femmme serait complétement illusoire.

Nous pensons enfin que la nullité résultant du défaut d'autorisation ne peut pas être opposée par les tiers dans les cas même ou ils n'ont pas personnellement contracté ou plaidé contre la femme. Il est vrai qu'ils n'ont pas commis de faute, et qu'ils n'ont encouru aucun blâme ; mais l'art. 225 est général et ne fait aucune distinction, et de ce que l'art. 1125 ne fait allusion qu'aux personnes qui ont été parties dans la convention, on ne saurait en induire que cette action ait été accordée aux autres. D'ailleurs on n'avait aucun motif pour le faire ainsi ; car ce n'est pas dans leur intérêt qu'a été établie l'incapacité de la femme.

Qu'il s'agisse d'un acte judiciaire ou d'un acte extra-judiciaire, le caractère de l'action en nullité ne change pas. D'ailleurs l'article 225 ne distingue pas, et si l'art. 1125 ne parle que des contrats c'est qu'il est placé au titre des obligations conventionnelles ; mais les motifs sont les mêmes en matière judiciaire.

On rencontre cependant dans les applications du principe diverses modifications, suivant la nature des actes dont il s'agit. Une femme mariée assigne un tiers, sans s'être fait préalablement autoriser. L'acte n'est pas nécessairement nul, et l'autorisation intervenant, même après l'expiration des délais dans lesquels l'assignation devait être donnée, suffira pour la valider, pourvu toutefois qu'elle soit accordée avant le jugement ou l'arrêt. Le tiers sera-t-il donc forcé de demeurer dans l'incertitude et d'accepter la lutte avec des chances aussi inégales ? Non, assurément ; quelle est donc sa position ? Il n'est pas douteux qu'il peut lui-même mettre le mari en cause, en le sommant de donner ou de refuser son autorisation. Il trouverait, selon nous, dans le défaut d'autorisation le droit d'opposer à la femme une fin de non-recevoir ; car il ne saurait être tenu de régulariser la procédure de son adversaire (1). Supposons l'hypothèse contraire d'un tiers, qui assigne la femme sans mettre en cause le mari. Cet acte est

---

(1) La nullité résultant du défaut d'autorisation est une nullité d'ordre public qui peut être invoquée même pour la première fois devant la Cour de cassation, Cass. 18 août 1857. Dalloz, 57, 1. 333; 29 avril 1862. 62. 1. 215.

nul, si le mari n'est pas appelé au procès pour fournir son autorisation, avant l'expiration du délai dans lequel l'assignation devait être donnée à peine de nullité.

Mais quels seraient les effets d'un jugement rendu soit en faveur de la femme non autorisée soit contre elle? Pourrait-il passer en force de chose jugée? Sans aucun doute. L'article 444 (C. Proc.) déclare en effet, d'une manière absolue que « les délais d'appel emporteront déchéance et courront contre toutes parties ». On ne pourra donc employer contre cette décision que les voies de recours indiquées par la loi : l'opposition où l'appel, si elle a été rendue par défaut ou en premier ressort, le recours en cassation si elle est en dernier ressort ou passée en force de chose jugée. Enfin si elle avait été prononcée contre la femme, elle aurait, outre les voies ordinaires de recours, la voie extraordinaire de la requête civile (art. 480 C. Proc.). Quant au mari, il aura la ressource de la tierce opposition. En effet, n'ayant pas été appelé au procès, n'y ayant pas été représenté, le jugement rendu contre sa femme portera toujours atteinte à son droit de puissance maritale, lors même qu'il ne blesserait pas ses propres intérêts pécuniaires.

Examinons maintenant de quelle manière l'action en nullité résultant du défaut d'autorisation peut s'éteindre.

Elle s'éteindra d'abord par l'expiration du délai que la loi a assigné à sa durée. La loi a limité ce délai à dix années, parce qu'elle a vu dans le défaut d'action pendant ce temps une ratification tacite de l'engagement annulable. D'ailleurs, à cette présomption vient se joindre un motif d'intérêt social, car il est incontestable que de trop longues incertitudes sur le sort des engagements contractés avec la femme pourraient constituer un véritable danger, en nuisant à la sécurité du commerce. Ce délai de dix ans ne court, d'après l'art. 1304, que du jour de la dissolution du mariage. On a considéré que jusque-là la femme pouvait n'être pas libre d'agir et qu'elle serait dans bien des cas retenue par la crainte de faire connaître à son mari les actes qu'elle aurait fait au mépris de son autorité. Le motif qui a dicté cette disposition légitime en quelque sorte la limitation fixée par la loi à cette espèce de prescription, et, quoique le Code ne fasse pas de distinction, nous pensons que le délai de dix ans courra contre le mari du jour où il aura eu connaissance de l'acte fait sans autorisation, car si la femme est incapable, le mari ne l'est pas, et la cause de l'exception n'existe pas pour lui. Rien d'ailleurs ne l'empêche d'agir et son silence pourrait très-bien être interprété contre lui. Pour soutenir l'opinion contraire on fait valoir que certaines raisons morales ne laissent pas au mari toute sa liberté d'action. Mais nous préférons de beaucoup le système qui lui permet d'agir à partir du jour ou il a connu l'acte.

Même, avant l'expiration dés dix années, l'action, en nullité peut être éteinte s'il intervient une ratification expresse ou tacite.

La ratification du mari n'a d'effet que vis-à-vis de lui. Elle ne peut, ainsi que nous l'avons démontré, enlever à la femme son action.

La ratification peut encore avoir lieu, par la femme seule, après la dissolution du mariage ou pendant sa durée, avec l'autorisation du mari. On s'est demandé si, dans ce cas, l'autorisation de justice ne pourrait pas suppléer l'autorisation du mari. C'est une question que nous avons discutée, et il résulte de l'examen que nous en avons fait que la femme seule perdrait son action et que la nullité continuerait à subsister à l'égard du mari.

L'effet de cette ratification, soit expresse soit tacite, est de faire considérer l'acte comme ayant été valable dans le principe. Néanmoins, l'article 1338 porte qu'elle ne saurait préjudicier aux droits des tiers. De quels tiers s'agit-il ? Seront-ce les créanciers chirographaires de la femme ? Pourraient-ils prétendre avoir été lésés dans leurs droits ?

Mais ils ne peuvent empêcher les créanciers hypothécaires d'exercer leur droit d'hypothèque à leur préjudice, et la seule ressource qu'ils aient est d'attaquer la ratification dans le cas où la femme l'aurait faite en fraude de leurs droits (1167 C. N.). Les tiers auxquels l'article fait allusion, sont ceux auxquels la femme aurait consenti depuis l'acte vicié de nullité des droits incompatibles avec la validité de cet acte : si par exemple, devenue veuve, elle avait vendu un immeuble, primitivement aliéné par elle sans autorisation, avant la dissolution de son mariage. Elle ne pourrait, en ratifiant ensuite la première vente, porter atteinte aux droits du second acquéreur ; car elle s'est engagée tacitement envers lui à ne pas valider la précédente aliénation.

Ainsi, en règle générale, on doit considérer comme tiers tous ceux qui ont sur la chose des droits réels de quelque nature qu'ils soient.

CHAPITRE VII.

Des droits du mari comme chef.

Esprit et objet de la prohibition.

Quelle est la portée de ces expressions : Droits du mari comme chef, lorsque le législateur défend de déroger aux règles de la puissance maritale et aux droits du mari comme chef ? Il est certain que ces mots du législateur doivent avoir un sens. S'il avait borné sa prohibition à la puissance maritale seule, on aurait pu craindre qu'on l'interprétât uniquement dans le sens de la puissance maritale sur la personne. Cependant comme c'est une conséquence de l'article 213, on aurait pu se dispenser de l'insérer. De plus, cette addition à notre article 1388 met en présence deux principes directement contraires : le premier, celui de la liberté des conventions matrimoniales ; le second, la défense de déroger à la puissance maritale. Mais le principe de l'art. 213 était trop vague et aurait suscité de nombreux procès. Voilà pourquoi on a cru utile de le répéter. Il ne reste donc qu'à concilier les deux principes contraires. C'est précisément ce qui va faire l'objet de notre étude.

Ainsi il n'est donc pas douteux qu'ici les rédacteurs du Code ont voulu parler des droits du mari sur les biens et qui, par conséquent, n'ont plus pour objet la personne de la femme ou des enfants. La discussion au Conseil d'Etat ne laisse d'ailleurs aucun doute à cet égard. MM. Malleville, Bérenger et Bigot-Préameneu demandèrent la suppression des mots « ou qui appartiennent au mari comme chef », parce qu'ils pouvaient faire entendre que la femme ne doit jamais avoir la libre disposition de ses biens, même paraphernaux. Il vaudrait mieux, disaient-ils, énoncer en détail les clauses relatives aux biens qu'il sera défendu de stipuler, car la phrase critiquée ne déterminait pas assez clairement les droits du mari auxquels on ne pourra pas déroger. MM. Berlier, Tronchet, Treilhard et Réal répondirent que les droits du mari comme chef allaient précisément être déterminés par le titre même qu'on discutait ; qu'il y avait une relation si intime entre l'autorité sur la personne et l'autorité sur les biens, qu'on ne pouvait les séparer entièrement ; que l'énonciation détaillée qu'on a demandée sur le second point onnerait lieu à des omissions dangereuses ; que, quant à l'impossibilité pour la femme d'aliéner sans le consentement du mari, même ses paraphernaux, elle était déjà consacrée par l'art. 217, et que ce serait aller contre une disposition admise et promulguée. Ainsi, et ceux qui demandaient la suppression du membre de phrase, et ceux qui voulaient le maintenir, entendaient bien tous qu'elle s'appliquait à l'autorité du mari sur les biens comme les mots précédents s'appliquent à son autorité sur la personne. Il n'y avait donc de nuages, comme le disait M. Bigot, que sur la portée et non sur l'objet de la disposition.

Quelles sont donc les clauses prohibées par cet article ? Ce sont celles qui tendraient à rendre la femme indépendante ou à lui donner un pouvoir en opposition avec le pouvoir nécessaire du mari. D'autre part, comme ils n'étaient pas absolument invariables dans leur étendue, il suffisait de les considérer, comme partie intégrante de la puissance maritale, au moment où le législateur défendait d'y déroger.

Le droit du mari, quant aux biens, est à considérer sous un triple rapport : les biens du mari, les biens de la femme et les biens de la communauté. Il y a en outre à distinguer pour ces divers biens entre l'administration et l'aliénation.

La clause, par laquelle un mari se soumettrait à sa femme pour l'administration et l'aliénation de ses propres biens, serait tout à fait contraire à la dignité maritale, et par suite devrait être considérée comme radicalement nulle (1). Mais rien n'empêcherait le mari de faire, par contrat de mariage, donation de ses biens en usufruit à sa femme, ou encore en pleine propriété, de même qu'il pourrait lui en confier l'administration révocable et temporaire.

De quelles restrictions est susceptible le droit du mari relativement aux biens personnels de la femme. Sur ce point

____

(1) Cette solution a été, du reste, consacrée par arrêt de Cassation du 7 septembre 1808.

il faut faire une distinction. Sous tous les régimes, la femme
peut se réserver l'administration totale ou particlle de ses
biens. Sous aucun régime, elle ne peut s'affranchir de l'autorisation maritale ou judiciaire pour l'aliénation de ses immeubles.

Mais si la femme ne peut jamais stipuler le droit d'aliéner
ses biens sans une autorisation spéciale de son mari, elle
peut du moins stipuler le droit de les administrer et d'en
jouir sous tous les régimes. Si elle est mariée sous le régime de communauté et qu'elle se soit réservé l'administration et la jouissance, il y aura alors adoption d'une communauté conventionnelle au lieu d'une communauté légale.
Sous le régime exclusif de communauté, si la femme conserve l'administration et la jouissance de ses biens, il y aura
séparation de biens. Mais dans le cas où l'on séparerait l'administration de la jouissance, en disant que le mari aurait
la disposition des revenus des biens de la femme et que la
femme en garderait la jouissance, il nous parait que la
clause devrait être considérée comme nulle, puisqu'elle in-
terdirait au mari la gestion de biens dont on le fait pourtant
usufruitier.

Quand les époux se sont mariés sous le régime dotal et
ont dit que les immeubles qui appartiennent à la femme lui
sont constitués en dot, mais qu'elle en gardera l'administration et la jouissance, qu'arrivera-t-il ? C'est que les immeubles qui apparaissaient d'abord comme dotaux, ne seront
réellement que paraphernaux. Que fait, dit Merlin, une
femme qui, en se mariant sous le régime dotal, se réserve
les fruits des biens qu'elle se constitue en dot ? Elle déclare
implicitement que les biens qu'elle se constitue en dot ne
seront dotaux que de nom et qu'elle les possédera comme
paraphernaux (1). Cependant M. Tessier, dans son Traité

____

(1) Merlin. Repert., Dot. Rodière et Pont, 1-64.

de la Dot, dit que cette stipulation est nulle, car l'administration de la femme ne doit pas avoir lieu sous le régime dotal. Comment donc concilier les deux opinions ? Il nous semble qu'il ne s'agit ici que d'une question d'interprétation et que, si les parties n'ont pas tenu à frapper rigoureusement les immeubles d'une vraie dotalité, parce qu'ils n'ont pas bien compris le sens précis de la première qualification, on doit considérer la stipulation comme valable, et dire que ces biens dont la femme a l'administration seront paraphernaux. S'il s'agit de parties ayant clairement déterminé que tels biens seront paraphernaux, tels autres dotaux, et dès lors frappés d'inaliénabilité et soumis à la jouissance du mari ainsi qu'à l'administration de la femme, on devra alors décider que la stipulation est nulle. C'est ce que décide très-nettement un arrêt de cassation (1). En ce qui touche les actes d'aliénation, le principe est formel, et la femme ne peut se soustraire à l'autorisation maritale. D'ailleurs, l'art. 1538 est très précis pour les immeubles. Dans aucun cas, ni à la faveur d'aucune stipulation, la femme ne peut aliéner ses immeubles sans le consentement spécial de son mari, ou à son refus, sans être autorisée de justice. Ainsi toute autorisation générale d'aliéner est nulle et la prohibition s'étend même aux paraphernaux.

Quant aux meubles, comme fort souvent l'aliénation vient du droit d'administration, la distinction devient alors difficile, et nous ne pouvons mieux faire que de nous reporter à ce que nous avons déjà dit.

Nous avons vu que dans certains cas, bien que le mria soit chargé de l'administration de la communauté, on peut donner à la femme, à la condition que le mari n'en aura pas l'administration. Mais si le mari lui-même acceptait de son plein gré une pareille dérogation à l'art. 1421 et prenait

(1) Rej., 1er mars 1837.

l'engagement de ne rien aliéner sans le consentement de sa femme, la clause deviendrait certainement nulle. D'un autre côté, qu'y aurait-il en effet de plus humiliant et de plus contraire à la dignité maritale que de voir un mari réduit à venir demander à la justice une permission d'aliéner, que sa femme, devenue maitresse, ne jugerait pas à propos de lui accorder.

Dans l'ancien Droit la question n'était pas même prévue, tant il était loin de l'esprit des auteurs que la femme pût concourir soit à l'administration soit à l'aliénation des biens meubles et immeubles de la communauté. « C'était, dit Renusson, pour exciter le mari à augmenter les biens de la communauté qu'on lui donnait tant de droits sur eux (1). »

S'il arrivait au mari de conférer à sa femme un mandat, il faudrait que ce mandat fût temporaire et révocable. Le législateur a pensé avec raison que ce mode pourrait servir à conférer à la femme des droits dont le mari seul doit être revêtu. Ainsi il a décidé que tout mandat, qui ne réunirait pas les conditions de révocabilité et durée limitée, devait être annulé.

Nous n'avons plus maintenant qu'à nous occuper des divers droits inaliénables que les conventions matrimoniales ne peuvent atteindre. On doit comprendre dans cette catégorie : 1° Le droit que le mari a sur les revenus des biens de sa femme lorsque les époux ont adopté le régime de séparation de biens ou celui qu'il a sur les paraphernaux lorsqu'il sont mariés sous le régime dotal. Dans ces deux cas, la femme est tenue de contribuer aux charges du mariage. Aussi le mari sera en droit d'exiger de sa femme le tiers de ses revenus pour subvenir aux charges du mariage s'il n'y a pas de convention particulière 1557, 1575, C. N. Ainsi ce droit est un droit nécessaire sur une quote-part des biens de la femme et elle ne peut nullement s'y soustraire.

(1) Renusson. Traité de la communauté.

2° Le droit d'administration et de jouissance que le mari a, sous les régimes de communauté et d'exclusion de communauté, sur les biens propres de la femme, et, sous le régime dotal, sur les biens dotaux immeubles non estimés avec déclaration de vente, et sur les meubles non estimés. Ce sont là des droits constatés dans l'art. 1549, où il est dit que le mari a le droit d'administrer les biens dotaux pendant le mariage, d'en percevoir les fruits et les intérêts. L'art. 1421 reproduit cette même disposition au titre de la communauté et on la retrouve dans l'art. 1530, dans les conventions exclusives de communauté. Nous devons cependant faire remarquer que, sous le régime de communauté, la jouissance existe mais qu'elle n'est pas aussi complète que sous les deux autres régimes.

3° Le droit d'aliénation et de disposition, consigné dans l'art. 1421 qui comprend toujours le droit de jouissance toutes les fois qu'il y a une stipulation plus ou moins générale de la communauté.

4° Le droit de propriété que le mari a sur les immeubles donnés en dot avec déclaration expresse de transport de propriété (1552), ou sur les objets mobiliers mis à prix par le contrat sans déclaration que l'estimation n'en vaut pas vente (1551).

En réalité ces biens cessent d'être dotaux puisque le caractère de dotalité, c'est-à-dire l'inaliénabilité manque. On ne doit pas davantage considérer comme dotal l'immeuble acheté avec les deniers dotaux, à moins de stipulation expresse, pas plus que l'immeuble donné en payement d'une dot constituée en argent (1553).

PROPOSITIONS

Histoire du Droit et Droit romain.

I. Le consentement de la femme n'était pas nécessaire pour la *coemptio* qui la mettait sous la *manus* de son mari.

II. La femme restait soumise à la juridiction domestique de sa famille tout en passant dans la famille de son mari.

III. Le tribunal domestique n'était composé que de cognats.

IV. Sous la République, lorsqu'il y avait compétence du tribunal domestique, il pouvait, par sa décision, prévenir celle du tribunal public.

V. Si une femme avait délégué une créance à son mari en paiement de sa dot, la délégation était réputée faite aux risques et périls de la femme.

VI. Il n'était pas nécessaire que le mandataire eût l'intention d'acquérir pour son mandant pour que l'acquisition fût valable.

Histoire du Droit et Droit français.

I. Dans l'origine des sociétés, le mariage n'était pas considéré comme une association de deux êtres égaux en droit, mais comme un achat par lequel l'homme acquérait la propriété exclusive d'une ou de plusieurs femmes.

II. La communauté a son origine dans les mœurs germaines.

III. L'élément celtique ne fut pas complétement absorbé par la civilisation romaine.

IV. Les enfants, nés avant le 180e jour de la célébration du mariage, sont légitimes.

V. Celui qui a acquis la mitoyenneté d'un mur a le droit de faire boucher les jours qui s'y trouvent.

VI. L'art. 690 du Code Napoléon, s'occupant des servitudes, n'exclut pas la prescription de dix ou de vingt ans.

VII. La femme peut être contrainte *manu militari* à réintégrer le domicile conjugal.

VIII. L'acceptation du remploi ne rétroagit pas au jour où le remploi a été fait.

IX. La règle *quæ temporalia sunt ad agendum perpetua sunt ad excipiendum* n'existe pas en Droit français.

Droit criminel.

I. L'aggravation de peine résultant d'une qualité personnelle à l'auteur principal, ne nuit pas aux complices.

II. La rupture de ban ne donne pas lieu à l'application des peines de la récidive.

III. Quand un accusé, précédemment condamné à un emprisonnement de plus d'une année, est reconnu coupable, mais que, par suite de circonstances atténuantes admises en sa faveur, le crime n'est puni que de peines correctionnelles, il n'y a pas lieu de lui faire l'application de l'art. 58 du Code pénal, modifié par la loi du 13 mai 1863.

Droit administratif.

I. Le propriétaire qui, sans avoir demandé l'alignement ou contrairement à celui qui lui a été donné, construit en retrait de l'alignement, ne peut être condamné qu'à une amende.

II. Les commissaires de police, agissant comme officiers

de police judiciaire, ne sont pas garantis par l'art. 75 de la Constitution de l'an VIII.

III. La dénomination de travaux publics doit être étendue aux travaux d'utilité communale.

Vu à Nancy, le 30 Décembre, 1865.

Le Doyen de la Faculté, Président de la Thèse,

PH. JALABERT.

Vu et permis d'imprimer :

Le Recteur de l'Académie de Nancy,

Officier de la Légion d'honneur,

J.-J. GUILLEMIN.

TABLE DES MATIÈRES

NANCY. — TYPOGRAPHIE A. LEPAGE, GRANDE-RUE, 14.

www.ingramcontent.com/pod-product-compliance
Ingram Content Group UK Ltd.
Pitfield, Milton Keynes, MK11 3LW, UK
UKHW020839120726
13693UKWH00002B/727